中国自然资源经济研究院
自然资源经济研究系列丛书2023-05（总48）

土地生态安全与经济高质量发展耦合协调研究

——以京津冀为例

郭冬艳 王冬艳 杨繁 等著

中国财经出版传媒集团

·北 京·

图书在版编目（CIP）数据

土地生态安全与经济高质量发展耦合协调研究：以京津冀为例/郭冬艳等著．－－北京：经济科学出版社，2023.10

ISBN 978 - 7 - 5218 - 5222 - 6

Ⅰ.①土⋯ Ⅱ.①郭⋯ Ⅲ.①土地利用－生态安全－关系－区域经济发展－协调发展－研究－华北地区 Ⅳ.①F323.211②F127.2

中国国家版本馆 CIP 数据核字（2023）第 189386 号

责任编辑：程辛宁
责任校对：孙　晨
责任印制：张佳裕

土地生态安全与经济高质量发展耦合协调研究
—— 以京津冀为例

郭冬艳　王冬艳　杨　繁　等著

经济科学出版社出版、发行　新华书店经销

社址：北京市海淀区阜成路甲 28 号　邮编：100142

总编部电话：010 - 88191217　发行部电话：010 - 88191522

网址：www.esp.com.cn

电子邮箱：esp@esp.com.cn

天猫网店：经济科学出版社旗舰店

网址：http://jjkxcbs.tmall.com

固安华明印业有限公司印装

710×1000　16 开　10 印张　160000 字

2023 年 10 月第 1 版　2023 年 10 月第 1 次印刷

ISBN 978 - 7 - 5218 - 5222 - 6　定价：58.00 元

(图书出现印装问题，本社负责调换。电话：010 - 00131545)

(版权所有　侵权必究　打击盗版　举报热线：010 - 88191661

QQ：2242791300　营销中心电话：010 - 88191537

电子邮箱：dbts@esp.com.cn)

《土地生态安全与经济高质量发展耦合协调研究——以京津冀为例》

作者名单

郭冬艳　王冬艳　杨　繁　强海洋　侯华丽
那春光　黄　洁　陈丽新　孙映祥　钟骁勇
聂宾汗　赵拓飞　贾汉森

前　言

　　2015 年联合国可持续发展峰会通过了 17 项全球可持续发展目标,旨在谋求人口、社会经济与资源环境的全面协调可持续发展,推动全球治理向更健康、更合理的方向发展。经济发展与土地生态作为可持续发展中的两个系统,其系统关系研究可为全球可持续发展政策的制定提供理论基础和实践依据。中国始终坚持并积极践行绿水青山就是金山银山的理念,以人与自然和谐共生为目标统筹发展与安全的关系,并进一步寻求经济发展与生态安全的协调统一。党的二十大报告指出"高质量发展是全面建设社会主义现代化国家的首要任务",必须完整、准确、全面贯彻新发展理念,把创新、协调、绿色、开放、共享的新发展理念内化到新发展格局的构建之中。经济高质量发展是经济发展的高级阶段,土地生态安全是生态安全的重要基础,只有二者相互协调、相互促进,才能有效推进可持续发展。京津冀是我国重点建设的城市群之一,是参与国际竞争合作的重要平台。京津冀协同发展是我国区域重大发展战略规划之一,探讨该地区土地生态安全与经济高质量发展的耦合协调机制,具有较强的理论和现实意义。

　　本书通过开展土地生态安全与经济高质量发展耦合协调理论分析,构建了"系统水平评价–耦合机理实证–耦合协调关系测算–协调路径分析"的研究框架,从"宏观–中观–微观"等多尺度开展了土地生态安全与经济高质量发展的评价及其耦合协调关系研究。一方面,可为推动经济高质量发展和土地生态安全两个系统的协调统一奠定理论基础,进一步丰富和完善现有区域可持续发展理论体系；另一方面，可为京津冀自然资源开发利用政策制定提供参考，促进国家重大发展战略规划的落地实施。

本书主体内容包括八个章节。第一章阐述了研究背景、研究目的和研究意义，在国内外研究文献综述的基础上提出了本书的主要研究内容和技术路线。第二章界定了经济高质量发展和土地生态安全的基本概念，基于耦合协调理论、系统理论、生态承载力理论以及经济增长阶段理论等基础理论，开展了土地生态安全与经济高质量发展之间耦合理论分析。第三章和第四章基于区域协同发展的视角，分别构建了土地生态安全与经济高质量的系统评价指标体系，从"宏观－中观－微观"等不同尺度对其系统水平进行了综合评价，分析其时空变化规律，明确制约系统水平的障碍因子。第五章采取实证检验的方式定量分析两个系统的耦合机理，时间尺度上通过PVAR模型分析两个系统的交互响应关系，空间尺度上利用双变量空间自相关模型分析两个系统的空间关联效应。第六章采用耦合协调度模型和离差协调度模型，测算出两个系统的耦合度和协调度，并分析了二者的耦合阶段和协调关系的时空变化趋势。第七章运用相对发展度模型划分了发展类型，综合区域耦合阶段、协调关系和发展类型，明确了区域复合类型，在此基础上研判了该区域的发展路径，并针对性地提出了具体政策建议。第八章是结论与展望，包括主要结论、创新点和研究展望。

本书特色体现在以下三个方面。一是立足于自然资源经济研究领域，旨在探索资源利用、生态保护和经济发展之间的协调统一，在系统耦合理论分析基础上，采取实证检验的方式从时间和空间角度定量分析了系统耦合机理，进一步完善了经济发展与生态安全系统关系研究的理论和方法体系。二是创新研究方法，基于离差系数和容量耦合两种不同的协调度原理，利用离差协调度和耦合协调度两个模型进行综合分析，对系统间协调关系做出相对全面的系统性评价，为实现区域资源科学管理和京津冀协同发展提供决策参考。三是基于交叉学科融合视角，综合经济学、管理学、地理学等多种学科研究方法解决复杂系统问题，运用Stata、R语言、GeoDa和ArcGIS等软件从多尺度研究了土地生态安全与经济高质量发展的耦合协调关系，为实现人与自然和谐共生的现代化，统筹发展与安全的关系进行了有益的探索。

矿山是以矿产资源开发为主导的"经济-社会-自然"复合生态系统，矿业绿色发展、绿色矿山建设需要考虑各要素之间相互影响协调关系，才能实现资源效益、经济效益、社会效益、生态效益的协调统一。在高质量发展和生态文明建设背景下，土地生态与经济发展的协调研究，是深入研究资源开发、经济发展、生态保护协调统一的基础和前提，可为区域矿业绿色发展、绿色矿山建设提供理论基础。本书在撰写和出版过程中，得到了自然资源部预算项目"绿色矿山和绿色矿业发展示范区建设组织实施与跟踪评估"的支持，得到了中国自然资源经济研究院的各位领导、专家的支持帮助，在此表示由衷的感谢！

由于成书时日紧凑，兼之笔者学识有限，书中难免有不足之处，请广大读者批评指正，有助于在日后研究工作中不断改进和完善。

目 录

第一章 绪论 ·· 1

    第一节 研究背景及意义 ·· 1

    第二节 文献综述 ·· 6

    第三节 研究内容与技术路线 ···································· 15

    第四节 研究方法与数据来源 ···································· 18

第二章 基本概念与基础理论 ··· 21

    第一节 基本概念 ·· 21

    第二节 相关理论 ·· 23

    第三节 土地生态安全与经济高质量发展耦合的理论分析 ······ 26

    第四节 研究区概况 ·· 31

第三章 京津冀土地生态安全评价及障碍因子分析 ············ 35

    第一节 评价模型 ·· 35

    第二节 宏观尺度下土地生态安全水平 ······················· 42

    第三节 中观尺度下土地生态安全水平 ······················· 44

    第四节 微观尺度下土地生态安全水平 ······················· 50

    第五节 主要障碍因子分析 ······································ 51

    第六节 本章小结 ·· 54

i

第四章 京津冀经济高质量发展评价及障碍因子分析 ·············· 56

第一节 评价模型 ·· 56
第二节 宏观尺度下经济高质量发展水平 ·························· 62
第三节 中观尺度下经济高质量发展水平 ·························· 64
第四节 微观尺度下经济高质量发展水平 ·························· 73
第五节 主要障碍因子诊断 ·· 73
第六节 本章小结 ·· 78

第五章 土地生态安全与经济高质量发展耦合机理实证研究 ············· 80

第一节 基于时间尺度的耦合机理实证检验分析 ················ 81
第二节 基于空间尺度的耦合机理实证检验分析 ················ 88
第三节 本章小结 ·· 92

第六章 土地生态安全与经济高质量发展耦合协调关系测算研究 ······· 94

第一节 协调模型构建 ··· 94
第二节 耦合度结果分析 ·· 97
第三节 协调度结果分析 ·· 100
第四节 本章小结 ·· 103

第七章 土地生态安全与经济高质量发展协调路径分析 ·············· 105

第一节 相对发展度模型 ·· 105
第二节 发展类型判定 ··· 106
第三节 复合类型判定 ··· 107
第四节 发展路径分析 ··· 116
第五节 本章小结 ·· 124

第八章　结论与展望 ·· 126
　　第一节　主要结论 ·· 126
　　第二节　研究展望 ·· 130

参考文献 ·· 131

第一章 绪　论

第一节　研究背景及意义

一、研究背景

近年来全球气候变化已经影响到人类生活的所有地区，气候系统变化的规模和现状是数千年来前所未有的（乔治等，2022）。热浪、干旱、洪水、气旋和野火等极端气候频发，对生态系统构成风险，可能会导致生态系统退化，影响人类健康和福祉（IPCC，2014），如何保护生态安全逐渐为人类社会重视和关注。生态安全的概念最早由美国提出，引起了国际研究界的广泛关注（Ezeonu，2000）。20世纪70年代，布朗（Brown，1981）将环境变化纳入国家安全，他指出当前对安全的威胁大多来自人与自然的关系，较少来自国与国之间的关系。20世纪80年代，在世界环境与发展委员会编写的《我们共同的未来》（*Our Common Future*）中，明确提出保护和开发自然资源要满足当前和子孙后代的需要，这标志着可持续发展观的诞生，同时也正式提出了"环境安全"的概念（WCED，1987）。1989年，国际应用系统分析研究所率先界定了生态安全的内涵（Westing，1989）。生态安全可以反映生态系统的完整性和健康状况，一般定义为人类生态系统的综合状态（Yu et al.，2014）。生态安全的内涵主要包括两点：一是较少或不受外界威胁，生态系统能够保持自身的结构完整和功能健康；二是生态系统能够为人类社会提供稳定的自然供给，促进经济社会可持续发展（Dobson et al.，1997；肖笃宁等，2002；Geneletti et al.，2003；崔胜辉等，2005）。生态系统提供人类生存所需的物质和服务，因此维护生态系统安全对于实现可持续的社会经济发展至关重要（Rapport，2011）。

土地是自然社会经济的综合体，是人类生存以及发展的基础。土地生态安全作为生态安全的基础，是实现粮食、经济和社会安全的前提和保障（张虹波等，2007）。土地生态安全，一般是指土地生态系统处于稳定和平衡的状态，保证其结构完整与功能健康，同时可以为人类可持续发展提供充足、稳定和均衡的供给（陆威等，2016）。在全球气候变化和城市化推进的背景下，自然气候与人类共同作用于土地生态系统，水土流失、土地退化、盐碱化、荒漠化以及土壤污染等问题层出不穷，严重威胁着土地生态安全的实现（储佩佩等，2014）。

改革开放40年以来，中国经济保持高速增长，成为名副其实的经济大国，成功迈入中等收入国家的行列。但是，近年来伴随着我国经济增速的放缓，资源环境约束日益收紧，"低价工业化增长模式"的国际贸易形式不可延续。同时，外部环境的不确定性和不稳定性增强以及全球经济低速增长，威胁着中国未来的发展（王锋等，2020）。在新的资源禀赋和约束条件下，以往粗放型的经济增长模式与路径难以为继，亟待调整转变产业结构、培育经济动能、转变发展方式，推动经济高速增长向经济高质量发展转变。在经济高质量发展过程中，遵循相互协商、循序渐进、互惠互利的原则，通过建设可持续的合作体系、利益分配体系和制度支撑体系，推动"一带一路"建设，促进国际各国的共同繁荣与发展（Li，2021）。2017年，习近平总书记在党的十九大报告中，明确提出中国经济由高速增长阶段转向高质量发展阶段是新时代的基本特征。站在新的历史方位上，将高质量发展作为新时代国家建设的重大战略，可以有效应对社会主要矛盾变化，将有力推动现代化建设。高质量发展是中国实施宏观调控、确定发展思路，制定相关政策的根本要求，同时也是保持经济健康可持续发展的内在要求，是实现"两个一百年"奋斗目标的必然要求（贺胜兰等，2019）。

联合国2015年公布了17项全球可持续发展目标，旨在谋求人口、社会经济与资源环境的全面协调可持续，推动全球治理向更健康、更合理的方向发展，对跟踪全球在可持续发展方面的努力以及指导政策的制定和实施极其重要（贾琨等，2022）。经济发展与土地生态安全作为其中重要的两个系统，二者相互影响，经济发展通过经济、空间、人口等多个因素对自然资源与生态环境形成压力，对土地生态系统起到负面影响，从而威胁着土地生态安全（熊建华等，2019）。土地生态安全一般通过自身保持健康状态、持续供给资源以及系统协调共存等三个方面来反映，通过三者的共同作用对可持续发展产生正面或负面的影响。由此可见，经济发展与土地生态可以组成耦合协调系统，研究二者之间的耦合协调关系是研究土地生态安全的必要内容，主要目的是探讨经济发展与土地生态安全这两个子系统之间是否协调，其协调程度如何，这可以为明晰二者之间相互作用机制提供参考（熊建华，2018）。随着中国经济发展进入新常态，经济从高速增长阶段转向高质量发展阶段，研究经济高质量发展与土地生态安全两个系统之间的耦合协调关系，可以为生态文明建设与经济发展的和谐统一，促进区域持续发展提供参考。

京津冀是以北京为核心的城市群（黄金川，2017），是我国重点建设的城市群之一，是参与国际竞争合作的重要平台。推动该地区经济高质量发展是提升京津冀协同发展水平，建设世界级城市群的基础和保障（刘立军等，2022）。京津冀地区产业结构不平衡、社会保障差别大和资源环境承载力弱化等问题突出，凸显了其高质量发展的重要性以及必要性（蔡玉胜等，2018）。随着中国工业化、城市化进程加速推进，京津冀地区土地开发利用强度不断增大，人口高度集中且流动性大，资源环境承载力弱化、土地生态问题严重。土地生态系统结构的失衡和质量的下降，导致土地生态系统为人类提供生态服务的能力降低，威胁着区域的可持续发展（叶浩等，2010）。区域经济的快速发展必然向土地生态安全施加压力，如果不重视土地生态安全的建设，当土地生态环境超过可承载负荷压力时，会反过来阻碍区域经济的可持续发展（胡凤英等，2015）。因此，土地生态安全已经成为京津冀地区经济高质量发展不可忽视的问题。

受经济发展水平差异以及自然地理条件等两方面因素的影响，京津冀地区人地矛盾表现的空间差异十分显著（彭文英，2018）。京津冀地区内部发展不均衡，并非均质体，如果仅将其作为一个整体研究，忽视其内部差异，那么研究成果将不能如实反映研究对象的真实情况，研究成果的实用性将受到影响。因此，选择适宜的研究尺度，有助于明晰土地生态安全与经济高质量发展之间的关系。同时，根据我国现行经济发展和自然资源管理体制和职责分工，"国家—省—市—县—乡镇"等五级管理主体具有不同的功能定位，其发挥的职能作用也有所差异。具体看，国家发展改革委和自然资源部主要负责制定全国层面的经济发展战略、规划、计划，以及经济和土地生态建设的重大工程项目，这属于大尺度的宏观管控；省级管理部门重点在于落实国家级的战略、规划和重点工程，并根据辖区内的经济发展阶段和资源生态禀赋，制定省级的实施方案，整体上属于较大尺度的宏观管控；地市管理部门，需要兼顾宏观战略和微观调控功能，属于中观尺度管控；县乡级管理部门重点在于贯彻执行国家、省、市分解的重大任务和工程部署的具体安排，属于微观尺度管理（张合兵，2015）。不同的研究尺度反映不同的空间特征和规律，有助于不同层级行政单元制定具有针对性的决策来提升管理效率（张宇硕等，2019）。本书在前人研究的基础上，着眼"宏观－中观－微观"等多尺度下的京津冀土地生态安全和经济高质量发展评价，探究其耦合协调机理，进一步研究土地生态安全与经济高质量发展的耦合协调关系，研判京津冀区域的发展路径，并提出有针对性的调控策略，有助于提高政府管理水平，实现经济发展与生态安全的协调统一，最终促进区域经济、社会和生态的可持续发展。

二、研究目的与意义

本书综合运用耦合协调理论、系统理论、生态承载力理论以及经济增长阶段理论等基础理论，开展了土地生态安全与经济高质量发展二者耦合的理论分析，构建了"系统水平评价－耦合机理实证－耦合协调关系测算－协调路径分析"的研究框架，通过评价京津冀地区土地生态安全和经济高质量发展水平并分析其障碍因子，分析两个系统之间的耦合机理，分析其耦合协调水平，明确其耦合阶段、协调关系以及发展类型，从而研判未来京津冀地区的协调发展路径。本书可为进一步完善经济发展与生态安全的协调发展理论，拓展经济、社会、生态等区域发展子系统之间耦合协调的研究方法，推进区域经济、社会和生态可持续发展提供理论和实践参考。

（一）理论意义

目前，国内外学者关注的重点大多集中于土地生态安全与经济发展两个系统之间的关系研究，而对于土地生态安全与经济高质量发展系统间关系的研究不足。本书基于耦合协调理论、系统理论、生态承载力理论以及经济增长阶段理论等基础理论，开展了土地生态安全与经济高质量发展二者耦合的理论分析，构建了"系统水平评价－耦合机理实证－耦合协调关系测算－协调路径分析"的研究框架，剖析了二者的耦合机理，并在此基础上研判了区域协调发展路径，为揭示经济高质量发展和土地生态安全耦合协调的内在规律提供科学依据。同时，本书一定程度上可为推动经济高质量发展与土地生态安全的协调统一奠定理论基础，有利于丰富和完善现有区域可持续发展的理论体系。

（二）现实意义

随着经济社会发展和城市化推进，京津冀地区土地开发建设强度的不断提高，资源环境承载力弱化、生态环境质量下降等问题日益凸显，一定程度上制约了该地区的可持续发展。通过开展土地生态安全和经济高质量发展的耦合协调研究，有助于把握土地生态安全与经济高质量发展的主要矛盾，指导京津冀地区资源合理利用政策的制定和实施，推动区域可持续发展，服务国家重大发展战略实施。

第二节 文献综述

一、土地生态安全及其评价研究

土地生态安全，是指土地生态系统能够为当前和子孙后代的发展提供土地生态服务（Wang et al., 2019）。它不仅是生态安全的基础，更关系到资源利用、经济社会发展和生态保护等一系列重大问题（陆威等，2016）。学术界关于土地生态安全的研究聚焦在理论内涵、安全评价以及预警管理等方面（熊建华，2018；曹刚等，2022）。土地生态安全已有相关理论主要指的是可持续发展、人地关系以及景观生态学等理论，认为影响土地生态安全的因素主要包括自然、经济和社会等三个方面，基础因素是自然因素，它是制约土地结构和功能的主要因素，关键因素是经济和社会因素（陆威等，2016）。近年来，也有学者将突变理论、耗散理论和复杂科学理论纳入土地生态安全研究中来（李昊等，2016）。然而，总体上看当前土地生态安全领域尚未形成系统、独立和完整的理论体系。

土地生态安全评价可以监测和预警某一区域的土地生态状态，是揭示土地生态安全状态以及时空变化的有效手段。自20世纪70年代末以来，土地生态安全得到了政府和学术界的极大关注（Feng et al., 2018）。国外相关的研究始于土地可持续性评价（Hurni, 2000；Bouma, 2002）、土地质量评价（Pieri et al., 1995）、生态系统服务价值评价（Costanza et al., 1998；Prato, 2007；Reynaud et al., 2017）、生态风险评价（Hayes et al., 2004；Perrodin et al.，2011）和土地健康诊断（Bertollo，2001；Shepherd et al.，2015）等方面。之后开始关注土地利用变化与生态安全的关系（Peng et al.，2019；Ji et al.，2017；Wu et al.，2019；Xie et al.，2020；Zhang et al.，2020；Moarrab et al.，2021；Chen，2021；Ye et al.，2021）、农田复垦与生态安全的关系（Yin et al.，2021）、土地集约利用与景观生态安全的关系（Cen et al.，2015）、生态系统服务与生态安全的关系（Xu et al.，2016）。近年来，对于土地生态安全评价（Xu et al.，2014；Liu et al.，2014；Su，2019；Wu et al.，2020；Zhu et al.，2020；Zhu et al.，2021；Wen et al.，2021；Cheng et al.，2022）、驱动因素分析（He et al.，2021）、影响因素分析（Liu et al.，2019；Liu et al.，2022）、土地生态安全预警（He et al.，2021）的研究也愈发重视。

国内对土地生态安全评价的研究经历了四个阶段，分别是萌芽阶段、发展阶段、形成阶段、拓展阶段（熊建华，2018）。在萌芽阶段，"土地生态安全"主要在土地评价领域有所涉及，但没有直接提出这一概念。在发展阶段，土地评价过程中开始对土地生态系统进行分类评价。在形成阶段，土地生态安全评价概念开始出现。在拓展阶段，从土地生态安全评价逐步向土地生态安全预警拓展，使得土地生态安全评价的概念和内涵得以深化和发展。

土地生态安全评价指标体系的科学性和合理性，是开展定量评价的前提和基础，也是评价结果科学有效的根本保障。土地生态安全的评价指标体系一般基于特定框架模型来构建，主要包括六种框架模型，分别是"压力－状态－响应"（PSR）模型、"驱动力－压力－状态－影响－响应"（DPSIR）模型、"驱动力－压力－状态－暴露－响应"（DPSER）模型、"自然－经济－社会"（NES）模型、"经济－环境－社会"（EES）模型、"资源－经济－社会－环境"（RESE）模型。其中，"压力－状态－响应"（PSR）模型最早由联合国粮食及农业组织（FAO）联合世界银行等部门提出，主要应用于土地质量评价，侧重于表达评价指标和评价对象的因果关系，对环境压力的来源比较关注（蔡太义等，2014）。PSR模型还可以用于耕地生态安全评价（范胜龙等，2016）、省域（王磊等，2016）和城市（刘艳芳等，2017；王鹏等，

2018；徐珊等，2019；张楠楠等，2022）土地生态安全评价。"驱动力－压力－状态－影响－响应"（DPSIR）模型是欧洲环境署提出的，可以用来描述生态环境出现问题的因果关系链条，主要用于评价自然环境状态和土地利用之间关系的优缺点。张凤太等（2016）、张博等（2017）、刘晓恒等（2018）、薛杰等（2018）、黄烈佳等（2019）和刘娇等（2021）均采用DPSIR框架构建了评价指标体系，分别对"一带一路"沿线18个省份、长江经济带、贵州省、云南省、重庆市和江西省南昌市进行了土地生态安全评价。"驱动力－压力－状态－暴露－响应"（DPSER）模型是联合国粮食及农业组织从人类需求和生态系统服务功能角度提出的。尹和李（Yoon & Lee，2003）应用DPSER框架评价了韩国56个城市的可持续发展水平。"自然－经济－社会"（NES）模型根据土地生态安全驱动因素，从自然、经济和社会三个层面构建评价指标体系，从而系统地反映土地生态安全的现实状况。例如，吴涛等（2014）、李洁等（2018）基于该框架，分别对四川省、甘肃省兰州市土地生态安全进行了评价。"经济－环境－社会"（EES）模型是适用于复合系统的多属性协同模型，谭文兵等（2017）采用该框架对河北省燕郊国家级高新技术开发区土地生态安全进行了评价。部分学者综合两种模型构建评价指标体系开展研究。例如，吕广斌等（2019）构建了DPSIR-EES模型、刘宝涛等（2019）构建了PSR-EES模型。此外，也有学者从其他角度构建评价指标体系展开研究。么泽恩等（2021）构建了"自然条件－人类活动－景观"格局的评价体系。姚彤等（2020）从数量、质量、结构和保障四个方面构建评价指标体系。杨建宇等（2017）构建了基于"地质－水文－生物"（GHB）的评价体系。张洪等（2017）构建了自然因子、生态环境因子和景观因子的评价体系。李昊等（2017）围绕"结构－经济－环境－社会"等四个方面因素构建了评价指标体系。

土地生态安全的评价方法可以划分为两大类，分别是定性评价方法与定量评价方法。前者主要是指对土地生态安全的概念和发展现状进行理论分析与描述，从而提出相应的政策建议。土地生态安全的定量评价方法，主要是指对一定时间和空间范围内的土地生态安全状态或者趋势进行量化分析。一般应用数理模型方法，经过指标选取、权重确定、综合计算三个步骤得到土地生态安全指数，可以为安全状态的判定提供依据（熊建华，2018）。权重确定的方法主要有熵权法（乔蕻强等，2016；陈伊多等，2018）、主成分法（孙奇奇等，2012；王鹏等，2015）、德尔菲法（姚彤等，2020）、OWA法（张洪等，2017）、CRITIC法（么泽恩等，2021）。土地生态安全指数计算方法主要有灰色关联法（王新民等，2018）、物元模型法（吴涛等，2014；张凤太等，2016；乔蕻强等，2016；刘艳芳等，2017；杨建宇等，2017；陈伊多等，2018）、综合指数法（李建春等，2017）、聚类分析法（李昊等，2017；汪磊等，2017；何如海等，2019）、TOPSIS法（王磊等，2016；朱乾隆等，2018；刘晓恒等，2018；吕广斌等，2019；马艳等，2019；么泽恩等，2021）。此外，一些可以分析因子之间模糊性和不确定性的评价方法开始应用在土地资源生态安全研究中，主要包括了BP神经网络（马志昂等，2014；李秀霞等，2017）、突变级数法（苏正国等，2018；刘时栋等，2019）、信息熵法（梅艳等，2013）、能值分析法（李玉清等，2014）、投影寻踪法（裴巍等，2016）等。

从空间尺度看，土地生态安全的研究对象一般包括两大类。第一类研究对象主要是自然地理景观，包括地理区、生态区等，对黄土丘陵区（张虹波等，2007；荣联伟等，2015）、西北干旱区（马轩凯等，2017）、湿地（李悦等，2019；秦鹏等，2020）、平原区（麦丽开·艾麦提等，2020）、黄河三角洲（孙晓月，2018）、流域（柳思等，2018）等均有涉及。第二类研究对象主要是受人类活动影响显著的地区，包括行政区、经济区等。行政区方面的研究主要涉及云南省（刘娇等，2021）、贵州省（刘晓恒等，2018）、吉林省（李秀霞等，2017）、宁夏回族自治区（王磊等，2016）、四川省（吴涛等，2014）、重庆市（张凤太等，2016）、湖北省大冶市（刘艳芳等，2017）、辽宁省沈阳市（张楠楠等，2022）、宁夏回族自治区青铜峡市（王鹏等，2018）、山东省青岛市（徐珊等，2019）、山东省济南市（Liu et al.，2022）等。随着城镇化进程加快，城市间组团式发展，形成一批城市群，对大型经济区的研究主要包括长江经济带（黄烈佳等，2019）、长株潭城市群（刘庆等，2010）、珠三角城市群（韩书成等，2016）和京津冀地区（揭昌亮等，2016）。

二、经济高质量发展及其评价研究

对于经济高质量发展的研究，国外始于对增长质量的研究。卡马耶夫（1983）认为经济增长质量是指经济增长效率。赫尔曼·戴利（2001）提出，可持续发展的前提是建立质量型的发展方式。巴伦（Barro，2002）将社会、政治、宗教和生态环境等因素纳入增长质量，增长质量范围进一步拓宽。托马斯（2001）通过对比各国发展经验，认为经济增长质量不仅包括经济速度的增长，还包括利益分配、政府治理、风险管理以及可持续性等多个方面。马拉齐拉等（Mlachila et al.，2014）提出，更高增长率、更持久的和对社会更友好的增长才是高质量增长的本质。

国内关于经济高质量发展的内涵较为丰富，当前主要从三个角度进行了界定。第一，将"五大发展理念"作为基础理论，从解决社会主要矛盾的角度出发，认为经济高质量发展的目标是满足人民日益增长的美好生活需要（何立峰，2018；邵彦敏，2018；王永昌等，2019；任保平等，2020）。第二，从"三大变革"的角度出发，即实现质量变革、动力变革、效率变革就是实现经济高质量发展（魏文江等，2021）。注重国民经济整体质量与效率的提高时，一般通过全要素生产率这一指标来表示（贺晓宇等，2018；刘家旗等，2022）。注重某一区域或产业的发展质量提高时，强调发展动力的转变。注重产品质量的提高时，强调具体生产方式的转变。第三，从前景、过程、结构和结果四个维度剖析经济高质量发展的内涵。有学者认为经济高质量发展包括发展战略的转型、现代产业体系的建设、市场体系的深化、分配结构的调整、空间布局的优化、生态环境的补偿以及经济的全球化等七个方面（刘志彪，2018）。秦放鸣等（2020）提出，经济高质量发展就是供需高效、公平协调、绿色发展、高开放度以及经济健康等五个方面均能实现的发展。

开展经济高质量发展评价，可以为区域选择经济高质量发展路径以及调整政策措施提供参考。经济高质量发展评价指标体系的科学性和合理性，是评价研究的重要基础。当前理论界关于经济高质量发展的评价指标体系可大体分为四个类型。一是围绕"五大发展理念"构建评价指标体系，但维度并不完全一致。李梦欣等（2019）、张中良等（2022）、刘军等（2022）、任保平等（2022）围绕"创新、协调、绿色、开放、共享"等五个维度选择相应指标，对经济高质量发展评价指标体系进行构建。韩冬（2022）在此基础上，考虑了"城市流"这一维度，构建了京津冀城市群的经济高质量发展评价体系。项寅等（2022）考虑了区域发展特征，从创新的能力、产业的活力、经济的实力、城乡的合力、保障的能力以及生态的潜力等六个维度构建了评价指标体系。高等（Gao et al.，2021）围绕经济基础、创新驱动以及开放合作等三个维度构建了评价指标体系，对黄河流域的经济高质量发展进行了测算。陈等（Chen et al.，2021）着重评价了中国286个城市经济高质量发展生态承载力。贾汗吉尔等（Jahanger et al.，2021）重点分析了外商投资特征对中国经济高质量的影响。二是从经济、社会、科技、文化、生态等领域构建评价指标体系。鲁邦克等（2019）围绕经济增长、创新驱动、生态文明以及人民生活等四个方面构建了评价指标体系。陈文烈等（2022）围绕经济、社会、实施、环境和科教等五个方面的发展质量构建了评价指标体系。师博等（2021）评价黄河流域中心城市的经济高质量发展水平，是围绕基本面、社会成果以及生态成果等三个方面构建的评价指标体系。董等（Dong et al.，2020）从生产质量、生活质量和生态质量等三方面来构建评价指标体系。三是从"三大变革"的角度构建评价指标体系。朱启贵（2018）围绕动力变革、质量变革、效率变革、产业升级、结构优化以及民生发展等六个维度构建了评价指标体系。韩永辉等（2021）从转变发展方式、优化经济结构、转换增长动能三个方面构建评价指标体系。四是从经济生产的视角构建评价指标体系。马茹等（2019）构建了高质量供给、高质量需求、发展效率、经济运行以及对外开放等五个方面的评价指标体系。此外，贺晓宇等（2018）采用全要素生产率这一指标衡量了经济的高质量发展水平。华等（Hua et al.，2021）从输入指标、理想输出和不良输出三个维度构建了全要素生产效率和经济高质量发展效率的评价指标体系，其中，投入指标包括劳动力、金融资本、人力资本以及能耗总量等四个指标，理想输出包括经济发展、创新发展、协调发展、共享发展以及开放发展等五个指标，不良输出通过非绿色发展指标表示。董等（Dong et al., 2021）对中国国有企业的可持续高质量发展能力进行了评价。

三、土地生态安全与经济高质量发展关系研究

经济发展与生态环境保护相辅相成、辩证统一。土地生态安全是生态环境保护的重要内容，经济高质量发展是经济发展的高级阶段，探究土地生态安全与经济高质量发展之间的关系以及如何协调好二者的发展关系，是学术界和政府部门共同关注的热点。已有的研究多关注土地生态安全与经济发展（熊建华等，2019；姚飞等，2019；代杰，2019；后雪峰等，2020；何如海等，2020；张焱文等，2021；张坤等，2021；肖红燕等，2021；周颖等，2021）、土地生态安全与城镇化（姜燕，2019；张帅，2019；樊骋等，2020；张涛等，2021；张晓娟，2021；韦绍音等，2021）、土地生态质量与经济发展（赵西桐等，2020）、土地生态与粮食安全（薛选登等，2022）、高质量发展与土地利用效率（韩渌，2021）方面，而关于经济高质量发展与土地生态安全之间关系的研究文献较少。

在土地生态安全与经济发展的关系研究中，主要可以分为两种类型。首先，基于环境库兹涅茨（EKC）曲线理论研究土地生态安全与经济发展之间的关系。1955年，库兹涅茨提出，当收入处于较低水平时，如果经济增长加速，结果就是收入分配差距不断拉大；相反，当收入增加到某一阶段后，如果经济继续增长，那么收入分配差距将逐渐缩小（Kuznets，1955）。这被称为库兹涅茨曲线，表征了经济增长和收入分配差距之间呈现倒U形关系。贝克尔曼（Beckerman，1992）、巴格瓦蒂（Bhagwati，1993）研究了经济增长与环境质量的倒U形曲线关系，帕纳约托（Panayotou，1993）首次提出了环境库兹涅茨曲线，该曲线可以表示环境质量和人均收入二者之间的关系。环

境库兹涅茨曲线反映的是环境质量在不同经济增长环节中表现出的特定规律，一般指的是当经济不断增长时，环境质量和污染状态呈现出先上升后下降的态势，并且人均收入和环境质量间存在倒 U 形的曲线关系。环境库兹涅茨曲线模型不是经济学上的因果关系解释模型，只是一个现象描述性模型，一般可以揭示人类经济社会行为和环境质量之间的复杂关系。部分学者运用该模型分析研究经济增长与土地生态安全的关系。李昊等（2017）借鉴面板数据聚类分析的思想对陕西省土地生态安全进行评价，研究发现经济发展与土地生态安全之间比较符合环境库兹涅茨曲线倒 U 形关系。杨康等（2016）对关水经济区研究发现，经济增长和土地生态安全之间具有多种相关类型，包括同步关系、倒 U 形关系以及 U 形等类型。王鹏等（2013）通过对黑龙江省哈尔滨市等六个案例城市的研究发现，土地生态安全与经济增长存在显著相关关系，但是不符合环境库兹涅茨曲线模型的倒 U 形分布关系。

其次，运用耦合协调度模型测算分析土地生态安全与经济发展之间的关系，为经济发展和生态文明提供决策依据。张焱文等（2021）、何如海等（2020）、代杰（2019）、后雪峰等（2020）、熊建华等（2019）运用耦合协调度模型分别对广东省、安徽省、湖南省，以及广东省揭阳市和广州市的土地生态安全和经济发展的耦合协调关系开展了研究，分析了发展水平和协调类型的变化。张坤等（2021）细化了研究单元，以县域为单元开展了长株潭地区两系统的耦合协调研究，分析了时空演变规律。肖红燕等（2021）增加了障碍度模型，在对两系统耦合协调度分析的基础上，补充分析了影响耦合协调程度的障碍因子。周颖等（2021）在耦合协调模型和障碍度分析的基础上，利用象限分类识别法划分四个象限，根据各象限所代表的相对发展类型研判耦合互动关系和研判作用机制。姚飞等（2019）研究了土地生态安全与绿色经济的耦合协调关系，绿色经济评价指标包括综合经济、社会人口以及资源环境等三个维度，这标志着评价指标体系已经从传统的经济发展开始转向绿色健康经济发展研究范畴。

此外，研究对象在不同时空尺度上具有明显的差异性（范业龙等，

2014），从地理空间角度分析变化态势具有十分重要的理论和实际意义。当前关于土地生态安全与经济发展的耦合协调研究，大多以单一行政区为研究对象，例如，广东省（张焱文等，2021）、安徽省（何如海等，2020）、广西壮族自治区（胡凤英等，2015）、陕西省（张轩诚等，2018）、河南省（姚飞等，2019）、湖南省（代杰，2019）、广东省广州市（熊建华等，2019）、广东省揭阳市（后雪峰等，2020）、贵州省毕节市（肖红燕等，2021）。近年来开始出现跨行政区的研究，例如，长三角地区（周颖等，2021）、长株潭地区（张坤等，2021）。

四、综合评述

自土地生态安全引入中国以来，理论研究逐渐深入，研究模型由简单多指标向高等数理模型转变，研究方法呈现多元化趋势，研究尺度由宏观向中微观转变。同时，国内对于经济高质量发展的研究处于爆发式增长态势，在理论内涵、评价测算和发展路径方面取得了一定的进展。在土地生态安全和经济发展两系统关系研究的领域，通过环境库兹涅茨曲线模型可以直观地展现经济发展与土地生态安全之间的关系，运用耦合协调度模型也可以对经济发展与土地生态安全之间的耦合协调关系进行评价，进而划分协调关系。但在二者关系研究方面还存在三点不足。一是我国经济已经由高速增长向高质量发展转变，不再单纯追求规模速度型经济，而是注重追求发展质量效益，然而目前在经济发展和土地生态安全耦合协调关系研究中，较少涉及高质量发展这一经济发展的特殊阶段与土地生态安全关系的研究。尤其是经济发展评价指标中对高质量发展要求的考虑不足。二是大多集中于单一尺度上单一行政区内（省、市、县）二者关系的研究，对于协同发展区域的研究较少。同时从单一尺度上研究二者协调关系，缺少多个尺度的耦合协调关系对比，其结论对改善区域土地生态安全与高质量发展的协调关系具有一定局限性。三是在研究框架上缺少对二者耦合机理的实证研究，在研究方法上仅采用耦合协调度模型量化两系统的协调关系，对二者协调关系的认识不够系统全面，制约了区域可持续发展。

第三节 研究内容与技术路线

一、研究内容

本书的主要研究内容包括土地生态安全评价及障碍因子分析、经济高质量发展评价及障碍因子分析、土地生态安全与经济高质量发展耦合机理实证研究、土地生态安全与经济高质量发展的耦合协调关系测算及发展路径选择四个方面。

（一）土地生态安全评价及障碍因子分析

从土地生态安全内涵出发，基于"压力-状态-响应"（pressure-state-response，PSR）模型，综合考虑人口变动、交通建设、产业转型和生态保护等四个方面因素，构建了评价指标体系，运用熵权TOPSIS法从"宏观-中观-微观"等多尺度测算分析了2007~2018年京津冀地区的土地生态安全指数及其时空变化趋势，采用因子障碍度模型分析了影响土地生态安全的障碍因子，揭示影响土地生态安全的主要因素，提出土地生态保护与提升相应政策建议，为提高京津冀地区土地生态安全水平提供参考。

（二）经济高质量发展评价及障碍因子分析

基于经济高质量发展的内涵，结合京津冀实际，从创新发展、协调发展、绿色发展、开放发展和共享发展等五个方面，构建了评价指标体系，采用熵权TOPSIS法从"宏观-中观-微观"等多尺度测算分析了2007~2018年京津冀地区的经济高质量发展水平及其时空变化趋势，运用因子障碍度模型分析影响区域经济高质量发展的障碍因子，揭示影响经济高质量发展的主要因素，提出推进经济高质量发展的相应政策建议，为促进京津冀地区经济高质量发展提供参考。

（三）土地生态安全与经济高质量发展耦合机理实证研究

首先，建立了土地生态安全和经济高质量发展的面板向量自回归（panle vector autoreg ression，PVAR）模型，通过协整检验、格兰杰（Granger）因果关系检验和脉冲响应分析等研究方法，从时间尺度分析了两系统的交互响应关系。其次，对土地生态安全和经济高质量发展两个系统开展全局空间自相关分析和局部空间自相关分析，探究其各自的空间关联关系，之后应用双变量空间自相关模型，从空间尺度分析了两系统的空间关联效应。

（四）土地生态安全与经济高质量发展的耦合协调关系测算及发展路径选择

首先，采用耦合协调度模型和离差协调度模型测算分析经济高质量发展与土地生态安全之间的耦合度、协调度及其时空变化趋势，并分析其耦合阶段和协调关系；其次，采用相对发展度模型，将区域划分为不同的发展类型；最后，综合耦合阶段、协调关系和发展类型，明确复合类型，并提出相应的发展路径，为促进京津冀地区经济高质量发展与土地生态安全协调统一，区域可持续发展提供理论基础和政策依据。

二、技术路线

本书研究技术路线图如图 1.1 所示。

本书基于耦合协调理论、系统理论、生态承载力理论以及经济增长阶段理论等基础理论，开展了土地生态安全与经济高质量发展二者耦合的理论分析，构建了"系统水平评价－耦合机理实证－耦合协调关系测算－协调路径分析"的研究框架，从"宏观－中观－微观"等多尺度开展了土地生态安全与经济高质量发展的评价及其耦合协调关系研究。首先，构建了土地生态安

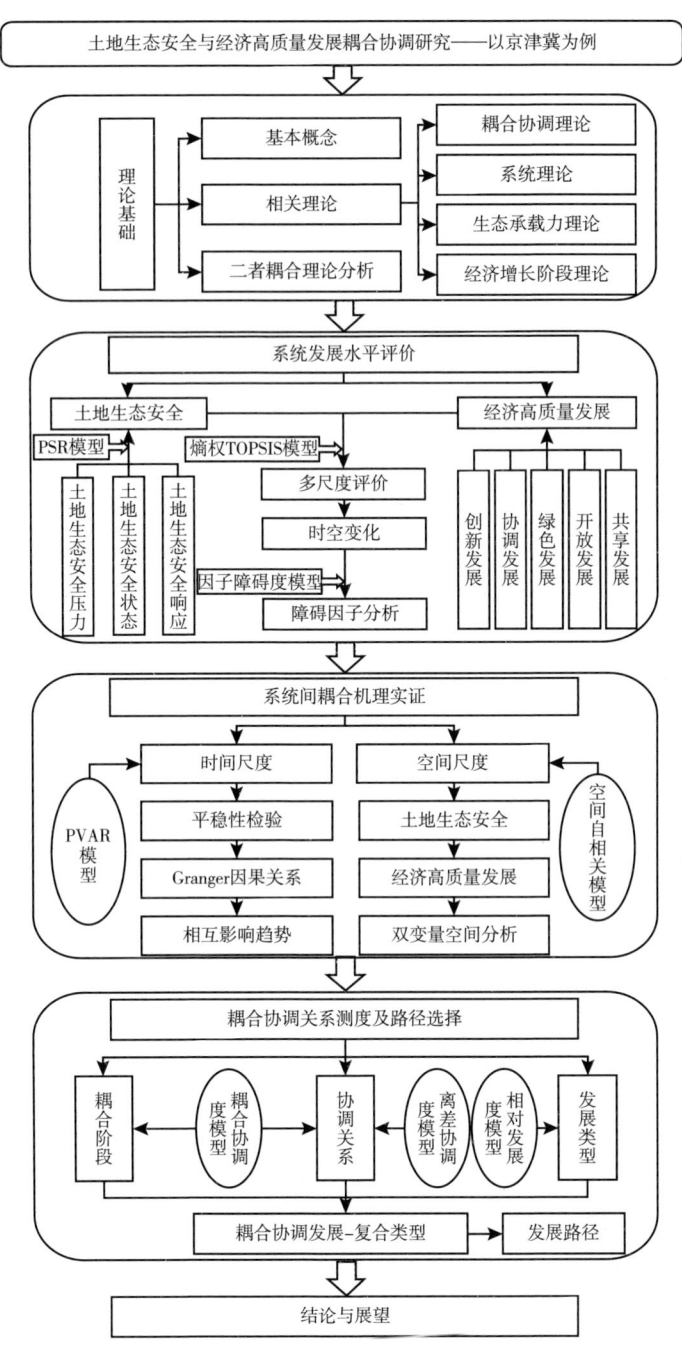

图 1.1 本书研究技术路线

全和经济高质量发展的评价模型，采用熵权TOPSIS方法和因子障碍度模型对二者进行了水平测算和障碍因子分析；其次，通过PVAR模型以及双变量空间自相关模型研究了土地生态安全与经济高质量发展之间的交互响应关系以及空间关联效应，探究了二者之间的耦合机理；再其次，采用了耦合协调度模型和离差协调度模型，测算分析了耦合度、协调度及其时空变化，明确了其耦合阶段和协调关系；最后，运用了相对发展度模型，划分了发展类型，综合耦合阶段、协调关系和发展类型，明确区域耦合协调发展的复合类型，研判了区域发展路径。

第四节　研究方法与数据来源

一、研究方法

（一）熵权TOPSIS法

熵权法，是一种客观赋权方法，可以减少人为主观影响。理想点排序法（TOPSIS）是一种多属性决策方法，计算各年份指标值与正负理想解的距离来评估评价对象的发展情况。本书运用熵权法计算权重，运用TOPSIS方法计算土地生态安全和经济高质量发展的指数。

（二）因子障碍度模型

因子障碍度模型，是指通过计算评价因子障碍度，确定其对目标的影响程度。本书运用因子障碍度模型计算土地生态安全和经济高质量发展各评价指标的因子障碍度，根据频次和排序，确定主要障碍因子。

（三）PVAR 模型

PVAR 模型主要用于经济系统动态性研究，通过综合面板数据与向量自回归（vector autoreg ressive，VAR）模型的优点，能够克服内生性和异方差的问题。本书构建经济高质量发展与土地生态安全的 PVAR 模型，应用 Stata 软件，运用协整检验、Granger 因果关系检验和脉冲响应分析等方法分析了土地生态安全与经济高质量发展的交互响应关系。

（四）双变量空间自相关模型

双变量空间自相关模型可以度量空间位置上相邻的观测值彼此相似的程度。本书采用 GeoDa 软件，应用双变量空间自相关分析方法，对土地生态安全和经济高质量发展空间上的相关关系进行分析。

（五）耦合协调发展综合模型

耦合协调度模型一般用来描述不同系统或要素相互平衡、相互协调程度。离差协调度模型基于离差系数最小化的原理，分析系统间发展是否同步。本书综合应用耦合协调度模型、离差协调度模型分析土地生态安全与经济高质量发展的协调程度。

相对发展度模型可以进一步探究制约两系统协调发展的主要因素，本书运用相对发展度模型分析土地生态安全和经济高质量发展之间的超前和滞后关系。

二、数据来源

数据主要来自 2008~2019 年《中国统计年鉴》《中国城市统计年鉴》《河北经济年鉴》《河北农村统计年鉴》，以及《北京区域统计年鉴（2019）》《天津统计年鉴（2019）》《石家庄统计年鉴（2019）》《衡水统计年鉴（2019）》《保定经济统计年鉴（2019）》《邯郸统计年鉴（2019）》《沧州统计年鉴

(2019)》《张家口经济年鉴(2019)》《唐山统计年鉴(2019)》《承德统计年鉴(2019)》《秦皇岛统计年鉴(2019)》《邢台统计年鉴(2018)》《廊坊经济统计年鉴(2017)》。部分缺失数据采用插值法补齐。

中国土地利用遥感监测数据来自中国科学院资源环境科学与数据中心(http：//www.resdc.cn)；空气质量数据来自中国空气质量在线监测分析平台（https：//www.aqistudy.cn/historydata）；中国行政区划矢量数据，主要来自国家1∶400万基础地理信息数据；专利数据来自专利云数据库。

第二章
基本概念与基础理论

第一节 基本概念

一、土地生态安全

生态安全是指区域内部的自然资源状况与生态环境状态能够满足人类生活、生产以及健康保障的需要，从而保障区域可持续发展（肖笃宁等，2002；李德胜，2017）。土地生态安全是由生态安全的概念衍生而来，关于土地生态安全的定义，理论界尚无统一的界定，已有研究主要分为三大类：一是指土地生态系统的健康和稳定，这是从土地生态系统自身出发，强调系统处于稳定和健康状态，不受或少受环境威胁（余健等，2012；杨春红等，2012）；二是指土地生态系统能够为人类生存以及发展提供更稳定的生态服务，区域内部的土地资源能够满足区域可持续发展的需要（孟旭光，2002；谢俊奇等，2004；郭斌等，2010）；三是综合前两种观点的基础上，强调土地生态安全是指土地在保持自身健康和稳定的基础上，为人类生存和发展提供自然资源供给服务（陆威等，2016；李德胜，2017）。

基于上述研究成果，本书对土地生态安全的概念界定如下：土地生态安全是指土地生态系统在某一时间和空间下所形成的稳定结构，且能发挥出健康、可持续功能的状态，并最终为人类社会的可持续发展提供稳定、均衡、充足的自然生态服务与保障。需要注意的是，京津冀地区是我国区域协同发展的改革引领区，协同发展是该地区发展的基本原则，要求实现交通一体化、生态环境保护和产业转型升级等重要目标。在这一战略背景下，京津冀地区土地生态安全的内涵是指土地生态系统能够保持自身结构与功能处于稳定和健康的状态，同时能为区域协同发展提供稳定、均衡和充足的自然生态服务与供给。

二、经济高质量发展

学者们认为经济高质量发展是一个相对综合的概念，是不同于经济高速增长的一种发展方式，注重经济发展质量的提升（托马斯，2001；Mlachila et al.，2014）。它的发展目标是解决经济发展过程中的不平衡不充分的问题。国内关于经济高质量发展内涵的界定，主要有三类：一是以"五大发展理念"为根基，以满足人民日益增长的美好生活需要为目标的发展（何立峰，2018；邵彦敏，2018；王永昌等，2019；任保平等，2020）；二是从"三大变革"的角度出发，认为实现质量变革、动力变革、效率变革就是实现经济高质量发展（魏文江等，2021；贺晓宇等，2018；刘家旗等，2022）；三是从前景、过程、结构和结果四个维度剖析经济高质量发展的内涵（刘志彪，2018；秦放鸣等，2020），重点关注的是系统中各环节、各层面、各领域的相互关系和内在联系。

本书根据部分学者已有的研究成果（杜爱国等，2018；何立峰，2018；邵彦敏，2018；王永昌等，2019；任保平等，2020），从"五大发展理念"的视角出发，对经济高质量发展的概念界定如下：是指坚持创新、协调、绿色、开放和共享的发展理念，能够满足人民日益增长的对美好生活需要的经济发展。京津冀区域协同发展是国家重大区域战略，该地区经济结构二元性、社会保障差别大以及资源环境承载力弱化等问题突出，考虑区域发展特点及经济高质量发展基本内涵，在区域协同发展战略背景下，京津冀经济高质量发展的内涵是指包含创新发展、协调发展、绿色发展、开放发展、共享发展在内的系统性、综合性发展。具体看，创新发展是经济发展的内生动力，通过理论、制度、科技和文化等多方面的创新，促进质量变革、效率变革和动力变革的实现，促进全要素生产率的提高；协调发展是经济发展的内在特点，通过坚持优化区域结构、缩小城乡差距，解决区域内部禀赋差异大，发展不均衡的问题，促进区域整体协调发展；绿色发展是经济发展的普遍形态，只有资源、环境得到有效保护和合理利用，资源节约集约利用、减少碳排放和环境污染，同时加大对绿色观念的宣传、绿色技术的应用、绿色市场的培育、绿色产品的研发来促进经济增长，才能实现人与自然的和谐发展；开放发展是经济发展的必由之路，坚持开放的观念，加强经济的互相融通，利用好国内市场和国际市场，利用好国内资源和国外资源，发展高层次、全方位的开放型经济；共享发展是经济发展的根本目的，重点是遵循人本的思想和原则，发展成果由全民共享，推动社会公平的实现。

第二节　相关理论

一、耦合协调理论

耦合协调理论由两个部分构成，即"耦合"与"协调"。其中，"耦合"一词出自物理学，主要是指不同系统之间具有动态关联关系，能够相互作用、相互影响的现象。"耦合度"表征了不同系统之间相互影响的程度。当不同系统之间满足具备内在的联系、物质和能量的异质性以及存在耦合路径等三个条件时，就可以达到"系统耦合"状态（杨红，2009）。"系统耦合"也源于物理学，一般指两个或两个以上联系较为紧密的子系统，经过能量、物质、信息等诸多要素的循环作用和复杂变化后，最终生成一个紧密机构功能体的过程（Friedel et al.，2006）。在系统耦合的过程中，通过不同系统的相互作用机制，各系统的属性发生变化，各要素由无序、低级向有序、高级发展，各系统的缺陷得以弥补，矛盾得以调和，合力得以发挥，达到"协调"状态。"协调"既是手段，又是目的，最终效果不是各系统的简单叠加，而是共同影响的加强，产生的效果大于单个系统效果的综合，从而实现"1＋1＞2"的效果。

经济高质量发展与土地生态安全是相互影响、相互作用的两个系统。其中，经济高质量发展是经济发展的高级阶段，土地生态安全是生态安全的重要基础。经济发展与生态安全的协调统一是可持续发展的过程和目标。基于耦合协调理论，研究经济高质量发展与土地生态安全两个系统的耦合协调关系，有助于发挥二者合力，为实现区域可持续发展提供动力和保障。

二、系统理论

生物学家贝塔朗菲（Bertalanffy）于1969年最早提出了系统理论。之后，我国科学家钱学森先生对系统的定义进行了拓展，指出系统是由诸多组成要素组合形成的有机功能体，这些组成部分相互依赖、相互联系，形成的有机功能体本身也是更大系统的一部分（黄光宇等，2002）。系统具有整体性、关联性、动态性和目的性四个特征（王莎，2020）。整体性强调组成系统的众多要素，通过发挥共同作用来实现系统的整体功能，最终整体作用大于部分作用之和。关联性强调系统与外部环境之间、系统内部要素之间均存在有机联系。动态性强调通过系统随时间变化、系统要素间以及系统与外部时刻交换，最终朝一个方向共同演进。目的性强调系统的演进方向是由系统目的来决定的。

应用系统理论，将土地生态安全、经济高质量发展分别看作一个独立的系统，分别分析其整体特征、时空变化规律。在此基础上，土地生态安全与经济高质量发展不仅仅是单一系统，更可以组成一个更大的复合系统，通过分析这个复合系统内部结构和内部要素的演变规律，从而实现对京津冀地区复合系统的整体把握，最终为该地区的发展方向提供科学指引。

三、生态承载力理论

"承载力"一词出自物理学，原指当物体在不受到任何破坏时，自身能够承受的最大负荷。生态承载力的概念最早由帕克（Park）和伯吉斯（Burgess）在1921年提出，又被称作生态容量（顾康康，2012）。生态承载力是生态系统整体水平的表征，具体是指特定时点下的生态系统，在保障自身调节服务功能稳定的状态下，能够为人类生存与发展提供的环境容纳以及资源支撑能力（徐美，2013）。生态承载力包括支持和压力两个部分（李德胜，2017）。支持部分是指生态系统维持自我健康的自我调节能力，及其对人类生存和发展提供的资源环境支撑能力。压力部分是生态系统因人类生存和发展所需承受的压力。生态系统保持稳定、有序的状态时，表示生态承载力的支持部分高于压力部分，在可承受范围之内。反之，当生态承载力超出了可承受范围，压力部分高于支持部分时，生态系统就会变得失衡和无序。

结合生态承载力理论，加深对土地生态安全的认识。土地生态系统的承载能力也是有一定限度的，人类生存和发展不能无节制地要求土地生态系统提供资源环境供给。人类活动的强度如果超出了土地生态系统的承载范围，那么就会造成土地生态系统的退化或者失衡，引发土地生态问题，最终影响到人类社会的可持续发展。通过控制人类活动强度，使得压力部分小于支持部分，才能保证土地生态系统安全，实现区域可持续发展。

四、经济增长阶段理论

区域经济发展是动态的，量变引起质变，从而使发展过程呈现出阶段性，区域经济增长阶段理论应运而生。1960年，美国经济学家罗斯托（Rostow）

在《经济成长的阶段》(*The Stages of Economic Growth*)一书中，根据主导产业的变化，将国家经济增长过程划分为五个阶段，从低阶到高阶排列，是指传统社会阶段、起飞准备阶段、起飞阶段、成熟阶段和高消费阶段。1971年，罗斯托在《政治与增长阶段》(*Politics and the Stages of Growth*)一书中，又补充了一个新的阶段，即追求生活质量阶段。在传统社会阶段，以原始农业生产为主；在起飞准备阶段，家庭手工业、商业以及服务业等行业开始发展；在起飞阶段，经济由低速增长变成持续高速增长；在成熟阶段，各经济领域应用了成熟技术；在高消费阶段，国民收入得以提高，消费结构和生活方式发生重大变化；在追求生活质量阶段，人们更加追求生活品质，精神享受。

区域经济增长阶段理论可以为一个国家或地区制定经济发展战略提供理论基础。罗斯托提出经济增长阶段理论包括六个阶段，揭示了不同阶段的发展模式和发展特征，可以为发展中国家制定发展战略提供参考。应用区域经济增长阶段理论研究我国经济发展历程，可为我国经济由高速发展转向经济高质量发展提供理论基础。

第三节 土地生态安全与经济高质量发展耦合的理论分析

实现经济高质量发展是国家富强、社会进步和人民生活水平提升的现实需要。土地生态安全是确保区域生态系统稳定的重要基础。可见，经济高质量发展与土地生态安全两个系统相互影响、相互作用，二者相互渗透、相辅相成。只有土地生态安全与经济高质量发展相互协调统一，才有利于区域可持续发展，两个系统相互支持、彼此作用，整体上形成复杂、动态的耦合协调关系。

一、土地生态安全对经济高质量发展的作用分析

土地生态系统只有在安全的状态下，才能在维持自身稳定的同时服务于

人类社会经济发展。经济高质量发展实现的现实基础是优良的土地生态安全状况，优良的土地生态安全状况是推动经济高质量的重要保障。总体上看，土地生态安全对经济高质量发展具有三个方面的支持功能。

1. 土地生态安全为经济高质量发展提供粮食安全保障

根据联合国粮食及农业组织（FAO）的定义，粮食安全是指确保任何人都能在任何时候获得生存和健康所需的粮食。随着经济社会的发展和思想认识的提高，其内涵和外延也在不断拓宽更新，人们更关心能否获得足够的、安全的和有营养的食物。土地是粮食生产的重要载体，土地生态状况决定着粮食生产的充足性、安全性和营养性。虽然，中国一直严格贯彻执行国家粮食安全战略，通过制定实施耕地用途管制制度来保障粮食生产。但是，近年来也出现为了增产增收，在农业生产中过量使用化肥农药，造成了耕地质量下降和宜耕面积减少的现象，加上农业固废、工业固废的不合理处置等原因带来了土地生态退化问题，严重影响着土地生态安全状况，最终会对国家粮食安全保障造成严重威胁。只有优良的土地生态安全状态才能提供足够的、安全的、有营养的粮食，为经济高质量发展提供粮食安全保障。

2. 土地生态安全为经济高质量发展提供高品质的生产要素

生产要素是进行社会生产活动和维系国民经济生产运行所具备的基本要素，其内涵经历了从有形到无形的二要素论、三要素论再到多要素论的认识过程（崔占峰等，2021），而土地始终是生产生活不可或缺的基本元素，是经济发展的重要资本和生产要素。经济高质量发展重视经济发展成效和成果的高质量，从要素投入转向要素效率，要求土地利用实现集约、高效和生态。土地具备不可创造性和自然稀缺性，其作为有限资源的开发利用和合理配置决定着经济高质量发展的潜力。通过合理规划和配置土地资源，不断优化土地结构、功能和利用方式，有助于提升土地生态安全水平。只有达到较高的土地生态安全水平，才能充分发挥出土地的生产要素功能，最终为经济高质量发展提供有效的发展空间和高品质的要素供给。

3. 土地生态安全为经济高质量发展提供生态财富增值载体

人类社会发展走过了农耕文明、工业文明，目前正朝着经济生态协调发展阶段迈进。在不同的时代背景下，土地的价值内涵也随之变化，从最初农业时代解决生存需要的农作物价值，演变为工业时代的要素资产和资本价值，发展到如今日益显化的生态系统服务价值。生态文明时代，人们解决了温饱和小康之后，土地还需要承载人们对良好生态环境的需求和精神层面的需求，例如，沙滩戈壁不能承载粮食生产需求，深山老林也不能承载地均工业产值，但是却能够满足人们旅游休憩和心灵修养的生活需求和精神需求，这就是土地具备生态价值的具体体现。当前，我国大力推进生态文明建设，逐步构建生态产品价值实现机制，土地的生态价值可以转化为生态产品，通过市场运作、绿色金融和生态补偿等方式逐步转化为生态资产和生态资本，从而实现财富增值。如果不注重土地生态安全状况的保护和维持，就会导致土地生态价值的减少或丧失。

由此可见，如果不注重维护土地生态安全，土地资源不能发挥出粮食安全保障、高品质生产要素以及生态财富增值载体等三个方面的支持功能，将会对经济高质量发展产生约束作用。

二、经济高质量发展对土地生态安全的作用分析

王鹏等（2013）研究发现，经济发展对土地生态安全具有拉动作用，主要通过技术进步、经济结构和人们对环境服务的需求等三个方面拉动。经济高质量发展更加强调创新发展、协调发展、绿色发展、开放发展和共享发展，要求满足人们对美好生活的需要。经济高质量发展对土地生态安全的动力作用更加突出，具体表现在三个方面。

1. 经济高质量发展有利于土地生态安全的源头控制

创新发展是经济高质量发展的内在要求，可以为经济高质量发展提供动力。例如，技术创新通过科学技术进步对产业进行转型升级，引发结构效应与技术效应，促进绿色生产生活方式的形成，这能够有效降低资源消耗、污染排放以及生态破坏等负面效应，从而减轻人类生存和发展为土地生态带来的压力，充分发挥源头控制作用，不断提高土地生态安全水平。

2. 经济高质量发展为土地生态安全提供经济基础

多年来，我国持续开展土地复垦、土壤污染治理和修复等工作，这有助于减少自然资源过度消耗和环境破坏，解决人与自然和谐共生的问题。同时，国家持续为土地生态系统的保护和修复提供资金支持，开展一系列的生态保护与修复工程项目。经济高质量发展是经济发展的高级阶段，其优质的经济增长是保证政府拥有充足财政收入的前提，只有充足的资金、资源以及人力投入生态环境保护和修复时，才有助于遏制土地生态系统退化和质量下降的现象，土地生态安全状况才能得以改善。只有优质的经济增长才能为土地生态安全提供经济基础，是土地生态安全的保障。

3. 经济高质量发展为土地生态安全提供制度供给

随着经济高质量发展逐步推进，人们生态保护意识随之加强，人们对高品质生态服务以及生态产品的需求随之增加。围绕经济高质量发展的理念，国家持续加大各项生态保护制度供给。例如，通过制定符合区域实际的国土空间规划、生态保护和修复规划以及资源调控政策等。制度供给可以有力促进土地生态安全水平的提高。

由此可见，经济高质量发展在源头控制、经济基础以及制度供给等三个方面为土地生态安全提供动力和保障。如果不重视经济高质量发展，会对土地生态安全带来一定的胁迫作用。

三、土地生态安全与经济高质量发展耦合的内涵

以"绿水青山就是金山银山"为核心内容的"两山理论"在人与自然和谐统一的基础上寻求经济发展与生态保护的协调统一，经济高质量发展是经济发展的高级阶段，土地生态安全是生态安全的重要基础，"两山"理论的基本理念为经济高质量发展和土地生态安全耦合机理框架的构建提供了理论支撑。本书以二者相互作用关系为主线，构建土地生态安全与经济高质量耦合机理分析框架（见图2.1）。经济高质量发展与土地生态安全的紧密联系主要从两个方面来体现（薛选登等，2022；刘琳轲等，2021；周颖等，2021）：

一是经济高质量发展对土地生态安全的影响主要是正向的动力作用和负向的胁迫作用；二是土地生态安全对经济高质量发展的影响是正向的支持作用和负向的约束作用。

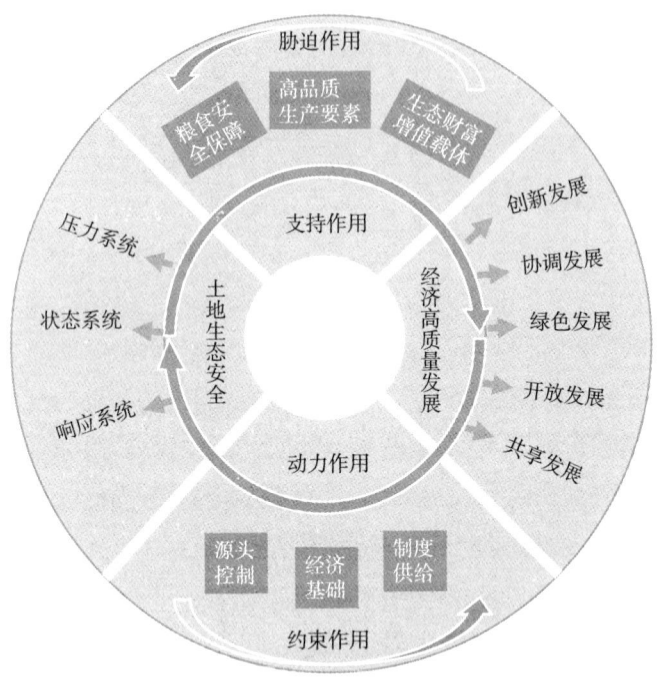

图 2.1　土地生态安全与经济高质量发展耦合理论框架

耦合包含协调与发展两个层面。发展体现在系统从低级到高级、从简单到复杂的进化过程；而协调则强调系统之间及系统内部各要素之间相互作用相互配合的演进过程。因此，土地生态安全和经济高质量发展两系统构成的耦合关系，蕴含着两个不可或缺的部分，既有发展的"量扩"，又有协调的"质升"。从内涵上看，土地生态安全与经济高质量发展的耦合不仅包括两大系统的耦合，也包括系统内部各组成要素之间的耦合。通过政府、企业、社会各界的协作互补，合力推动两大系统内部各要素进行优化配置，使其融合为一个开放、动态的综合系统。土地生态安全与经济高质量发展两个系统持续性地由低级向高级的耦合协调发展,是实现土地生态安全与经济高质量发展的目标与核心,是区域可持续发展的前提和基础。

第四节 研究区概况

一、自然地理概况

京津冀地区地处华北平原北部,东临渤海湾,西倚太行山,南面华北平原,北靠燕山山脉。地处中纬度地带,为典型的暖温带大陆性季风气候,北部主要是半干旱地区,南部主要是半湿润地区。地势东北低,西北高,地形复杂,地貌类型多样。高原集中分布在河北省的张家口和承德;盆地面积占京津冀总面积10%以上,主要分布在河北省;山地面积为8.06万平方千米,占总面积的1/3以上,80%以上的山地分布在河北省;平原面积为7.49万平方千米,占总面积的1/3以上;丘陵、湖泊洼淀的面积分别占总面积的4.3%和1.9%,面积较少(王丽,2015)。[1] 土地面积为21.8万平方千米,土地利用/覆被变化显著,从东南到西北呈现种植业向林牧业用地过渡的分布格局。该地区水资源量为217.2亿立方米,占全国总量的比重为0.79%,该地区水资源较为匮乏。[2]

二、社会经济概况

京津冀是中国重要的政治、经济和文化区域,属于国家重大战略规划区,是中国经济发展活力较高的地区之一。研究区域涉及北京、天津、河北(含

---

[1] 王丽. 京津冀地区资源开发利用与环境保护研究[J] 经济研究参考,2015(2):47-71.
[2] 《中国统计年鉴(2019)》。

石家庄、承德、张家口、秦皇岛、唐山、廊坊、保定、沧州、衡水、邢台和邯郸)。

2018年,京津冀地区年末总人口11270万人,占全国比重为8.1%,地区生产总值为85139.9亿元,占全国GDP比重为9.3%。在产业结构方面,三产产值分别为3629.4亿元、29297.5亿元、52213.0亿元,占全国比重分别为5.6%、7.8%、11.0%,呈现出"三二一"型的产业结构。[①] 但是京津冀产业结构在区域内部的差异较大,北京、天津处于后工业化时期,均以第三产业为主,河北以第二产业为主,第三产业发展较慢,处于工业化的后期阶段。在社会发展方面:北京、天津居民人均可支配收入分别为62361.2元和39506.1元,高于全国平均水平(28228元),但是河北人均可支配收入为23445.7元,低于全国平均水平;北京、天津城镇人口比重分别为86.50%、83.15%,高于全国平均水平(59.58%),但是河北城镇人口比重为56.43%,略低于全国平均水平。[②] 可见,京津冀内部经济社会发展状况差异较大,北京作为全国首都,各项指标均居于前列,天津作为直辖市,各项指标紧跟其后,发展水平较好,而前二者均与河北经济社会发展状况形成鲜明对比。

三、土地利用现状

京津冀地区的林地面积最高为7.54万平方千米,所占比重为34.59%;其次是耕地,面积为6.46万平方千米,所占比重为29.62%;再者是城镇村及工矿用地,面积为2.75万平方千米,所占比重为12.61%;随之是草地,面积为1.98万平方千米,所占比重为9.07%;之后是园地,面积为1.17万平方千米,所占比重为5.36%;水域及水利设施用地面积为0.87万平方千米,所占比重为3.99%;交通运输用地面积为0.50万平方千米,所占比重

[①②]《中国统计年鉴(2019)》。

为 2.30%；湿地面积最少为 0.18 万平方千米，所占比重为 0.82%。[①] 京津冀用地结构仍以林地和耕地为主，有助于生态系统稳定和粮食安全保障。

四、土地生态环境存在的问题

随着社会经济的发展和城市化的推进，京津冀地区土地开发建设强度的不断扩大，人口高度集中且流动性大，资源环境承载力弱化、土地生态问题严重，人地矛盾突出。同时，太行山、燕山的土壤侵蚀严重，坝上高原荒漠化加剧，平原洼淀逐渐萎缩消失，地面沉降和海水入侵等生态问题凸显，土地生态系统面临日益恶化的风险（张卫萍等，2011；王丽，2015；白英丽等，2019）。

五、区域协同发展历程

京津冀协同发展历经了初始阶段、停滞阶段、加速阶段和创新阶段等四个发展阶段（孙洪磊，2014；陈诗波等，2016）。初始阶段始于 20 世纪 80 年代，中国经济体制开始转型，实行计划的商品经济，党的十四大提出了将环渤海地区作为重点开发地区之一。这一时期，华北地区经济技术协作会成立，这是全国最早的区域协作组织，主要作用是指导企业间经济联合以及解决物资调剂问题。1988 年，北京和河北成立环京经济协作区，完善了协作制度，企业间的合作开始加深。停滞阶段起源于 20 世纪 90 年代，主要是由于政府体制改革和市场经济尚不完善导致的无序竞争增多，进展缓慢。在这个时期，诸多战略均停留在概念层面，例如，国家将环渤海地区列为 7 个跨省区市经济区之一，北京提出了"首都经济圈"、河北也提出了"环京津、环渤海开放带动战略"。2004 年协同发展进入加速阶段，这一阶段从健全机制、编制规划、扶贫攻坚等多方面推进了协同发展的进程。2004 年京津冀三地发展改

[①] 《中国统计年鉴（2019）》。

革委员会就经济发展战略形成了"廊坊共识",之后环渤海区域经济合作联席会议促进了京津冀的合作,《京津冀都市圈区域规划》开始编制,京津冀"8+2"模式正式提出,逐步深化了区域间的经济合作。2005年,亚洲开发银行资助的一份调查报告首次提出"环京津贫困带"概念,2010年河北提出"环首都绿色经济圈",2012年国家"十二五"规划正式将北京的"首都经济圈"、河北的"沿海发展战略"纳入其中。党的十八大以后,京津冀协同发展进入加速阶段。党的十八届三中全会通过了《中共中央关于全面深化改革若干重大问题的决定》,首次提出了区域协调发展。2014年,京津冀协同发展正式成为重大国家战略。2015年发布的《京津冀协同发展规划纲要》指出,要在交通一体化、生态环境保护、产业转型升级等重点领域率先取得突破。之后,京津冀专项规划逐步出台,涉及交通一体化、生态环境保护、自助旅游发展、人大立法项目协同等诸多领域,标志着京津冀协同发展进入实质建设阶段。

第三章

京津冀土地生态安全评价及障碍因子分析

土地生态安全评价是开展土地生态安全与经济高质量发展耦合协调关系研究的基础。为此，本章基于京津冀协同发展的战略背景，从土地生态安全内涵出发构建了评价指标体系，从"宏观－中观－微观"等不同尺度对区域土地生态安全水平进行了评价，分析其时空变化规律，明确制约土地生态安全水平提升的障碍因子，并针对性地提出相关政策建议。本章研究可为调控京津冀地区土地生态安全水平制定政策提供参考，为开展土地生态安全与经济高质量发展的耦合机理实证研究提供基础依据。

第一节 评价模型

一、评价指标体系确定

京津冀协同发展是中国重大区域发展战略之一，对于全国社会、经济和生态的可持续发展具有重要示范意义。土地生态安全是区域经济社会发展的基础，确保京津冀土地生态安全需要重点关注两方面问题：一是土地资源的自身结构稳定和环境承载功能有效发挥；二是能够持续为区域协同发展提供自然生态供给。虽然有学者针对京津冀土地生态状况（于潇等，2018）、人口土地生态压力（彭文英，2018；王建强等，2018；李若凡，2019）、土地生态安全（揭昌亮等，2016）等展开了研究，但是缺少从协同发展视角对土地生态安全开展系统研究。

压力－状态－响应（PSR）模型基于人类与环境间的影响和作用关系，可以有效判定环境状态与环境问题之间的因果关系。本书围绕协同发展战略视角，重点关注京津冀协同发展战略实施对于区域土地生态安全的影响，构建 PSR 模型下的评价指标体系。在参考相关研究成果的基础上（Guo et al.，2021；蔡太义等，2014；王磊等，2016；揭昌亮等，2016；刘艳芳等，2017；王鹏等，2018；吕广斌等，2019；马艳等，2019；徐珊等，2019），基于全面性、系统性、代表性、可得性等四个原则，构建了京津冀地区土地生态安全评价指标体系（见表 3.1 和表 3.2）。该评价指标体系由 1 个目标层 A、3 个准则层 B、10 个因素层 C 以及指标层 D 组成。目标层 A 即土地生态安全，反映了土地生态系统的安全状况；准则层 B 反映了目标层的准则构成，包括土地生态压力、土地生态状态以及土地生态响应等三个方面。因素层 C 将准则层进一步细分。该指标体系综合考虑了人口疏解、产业转型、交通一体和生态保护等因素对于土地生态安全的影响，压力（P）和响应（R）子系统围绕"人口－产业－交通－生态"选取评价指标，状态（S）子系统围绕"土地结构－土地功能"选取评价指标。

表 3.1　　　　　　　　京津冀市级土地生态安全评价指标体系

目标层（A）	准则层（B）	因素层（C）	指标层（D）	指标方向
土地生态安全	压力	人口压力	D1 人口密度（人/平方千米）	－
		产业压力	D2 第二产业比重（%）	－
		交通压力	D3 地均公路客运量（万人/平方千米）	－
			D4 地均公路货运量（万吨/平方千米）	－

续表

目标层（A）	准则层（B）	因素层（C）	指标层（D）	指标方向
土地生态安全	压力	生态压力	D5 单位耕地面积化肥施用量（吨/平方千米）	-
			D6 地均工业粉尘排放量（吨/平方千米）	-
			D7 地均工业废水排放量（万吨/平方千米）	-
	状态	土地结构	D8 耕地面积比重（%）	+
			D9 城市建成区绿化覆盖率（%）	+
		土地功能	D10 单位耕地面积粮食产量（吨/平方千米）	+
			D11 土地经济密度（万元/平方千米）	+
	响应	人口响应	D12 人口增长速度（%）	-
		产业响应	D13 人均GDP（万元/人）	+
			D14 第三产业比重（%）	+
		交通响应	D15 地均交通运输、仓储和邮政业投资（万元/平方千米）	+
		生态响应	D16 工业固体废弃物综合利用率（%）	+

注：指标方向"+"表示指标为正向指标，"-"表示指标为负向指标。

表3.2　　　　　京津冀县级土地生态安全评价指标体系

目标层（A）	准则层（B）	因素层（C）	指标层（D）	指标方向
土地生态安全	压力	人口压力	人口密度（人/平方千米）	-
		产业压力	第二产业比重（%）	-
		交通压力	地均公路里程（千米/平方千米）	-
		生态压力	单位耕地面积化肥施用量（吨/平方千米）	-
	状态	土地结构	耕地面积比重（%）	+
			林地面积比重（%）	+
		土地功能	单位耕地面积粮食产量（吨/平方千米）	+
			土地经济密度（万元/平方千米）	+

续表

目标层（A）	准则层（B）	因素层（C）	指标层（D）	指标方向
土地生态安全	响应	人口响应	人口增长速度（%）	-
		产业响应	人均GDP（万元/人）	+
			第三产业比重（%）	+
		交通响应	地均交通运输、仓储和邮政业投资（万元/平方千米）	+
		生态响应	工业固体废弃物综合利用率（%）	+

注：指标方向"+"表示指标为正向指标，"-"表示指标为负向指标。

压力（P）子系统反映的是人口快速增长，经济社会发展对土地生态系统造成污染和影响。在协同发展背景下，人口疏解、产业转型、交通建设和生态保护是该区域需要重点发展的方向，因此围绕"人口-产业-交通-生态"4个因素层来构建压力指标层。在市级评价指标体系中：选取人口密度指标反映人口增长给土地生态系统带来的压力情况；选取第二产业比重指标反映产业发展给土地生态系统带来的压力情况；选取地均公路客运量、地均公路货运量等指标反映交通运输给土地生态系统带来的压力情况；选取单位耕地面积化肥施用量、地均工业粉尘排放量、地均工业废水排放量等指标反映生态环境给土地生态系统带来的压力。根据代表性和可得性的原则，县级评价指标体系与市级评价指标体系略有不同：选取地均公路里程指标反映交通运输给土地生态系统带来的压力情况；选取单位耕地面积化肥施用量指标反映生态环境给土地生态系统带来的压力。

状态（S）子系统反映的是在上述压力之下土地生态系统的现实状态，包括土地结构和土地功能2个因素层。在市级评价指标体系中：选取耕地面积比重、城市建成区绿化覆盖率等指标反映土地生态系统的结构；选取单位耕地面积粮食产量和土地经济密度等指标反映土地生态系统供给功能。根据代表性和可得性的原则，县级评价指标体系与市级评价指标体系略有不同：选取耕地面积比重、林地面积比重等指标反映土地生态系统的结构。

响应（R）子系统反映的是人类在土地生态系统面临问题的情况下，采取的反馈措施，同样从"人口-产业-交通-生态"4个因素层来构建指标层。在市级评价指标体系中：选取人口增长速度指标从人口调整的角度反映了土地生态安全的响应情况；选取人均GDP、第三产业比重等指标从产业发展的角度反映了土地生态安全的响应情况；选取地均交通运输、仓储和邮政业投资指标从交通投资的角度反映了土地生态安全的响应情况；选取工业固体废弃物综合利用率指标反映了土地生态安全的响应情况。县级评价指标与市级评价指标一致。

二、评价方法

TOPSIS模型，是一种多目标决策方法，可以更好地比较土地生态安全实际水平与理想水平的差距。因此，本书采用TOPSIS模型评估京津冀地区的土地生态安全状况，通过熵权法确定土地生态安全评价指标的权重，能够有效降低主观因素影响。最后，本书引入因子障碍度模型评价京津冀土地生态安全的主要障碍因子，根据各评价指标障碍度的大小可以有效反映其对土地生态安全的影响程度，从而为提出京津冀土地生态安全的改进方向提供数据支持和决策依据。

（一）极差化方法

各指标单位不一致，因此需要对数据进行标准化处理，以消除不同量纲的影响。本书采用极差化方法进行处理，区分正向指标和负向指标，采用不同的计算公式，具体计算公式见公式（3.1）和公式（3.2）。

$$正向指标：Y_{ij} = \frac{X_{ij} - \min x_j}{\max x_j - \min x_j} \tag{3.1}$$

$$逆向指标：Y_{ij} = \frac{\max x_j - X_{ij}}{\max x_j - \min x_j} \tag{3.2}$$

公式中，$\max x_j$、$\min x_j$分别代表第j个指标下各评价单元的最大值、最小值。

（二）熵权法

熵权法是一种客观赋权方法，可以减少人为主观影响。其原理是：权重高低由指标变化程度对结果的影响高低而定。如果指标变化幅度越大，那么信息熵就越小，该项指标权重越高；反之，如果指标变化幅度越小，那么信息熵越大，该项指标的权重越低。具体计算公式见公式（3.3）、公式（3.4）和公式（3.5）（乔蕨强等，2016；陈伊多等，2018）。

$$F_{ij} = \frac{Y_{ij}}{\sum_{i=1}^{m} Y_{ij}} \quad (3.3)$$

$$E_j = -\frac{1}{\ln m} \sum_{i=1}^{m} F_{ij} \ln(F_{ij}), \ 0 \leq E_j \leq 1 \quad (3.4)$$

$$W_j = \frac{1 - E_j}{\sum_{j=1}^{n} (1 - E_j)} \quad (3.5)$$

公式中：F_{ij} 代表矩阵 Y_{ij} 中 j 指标下第 i 评价单元的指标值占该指标总和的比重；E_j 代表第 j 项指标的信息熵；W_j 代表第 j 个指标的权重。

（三）理想点排序法

理想点排序法（Technique for Order Preference by Similarity to Ideal Solution，TOPSIS）是一种多属性决策方法，该方法常用于系统工程的有限方案多目标决策，能够科学测算出土地生态安全与理想状态的差距，由此根据不同年份正、负理想解的距离来得到土地生态安全指数。具体计算公式见公式（3.6）~公式（3.10）（马艳，2019；么泽恩等，2021）。

$$V_{ij} = (V'_{ij}) = (Y_{ij} \times W_j)_{m \times n} \quad (3.6)$$

$$\begin{cases} V^+ = (V'_{ij}) \max \\ V^- = (V'_{ij}) \min \end{cases} \quad (3.7)$$

$$D_i^+ = \sqrt{\sum_{j=1}^{n} (V_{ij} - V^+)^2} \quad (3.8)$$

$$D_i^- = \sqrt{\sum_{j=1}^{n}(V_{ij} - V^-)^2} \tag{3.9}$$

$$U_i = \frac{D_i^-}{D_i^+ + D_i^-} \tag{3.10}$$

公式中，V_{ij}代表加权规范化矩阵；V^+代表正理想解；V^-代表负理想解；D_i^+、D_i^-分别代表评价单元实际水平与正负理想解的距离；U_i代表土地生态安全指数。

（四）因子障碍度模型

通过计算评价指标和准则层障碍度的大小，确定其对目标的影响程度。具体计算见公式（3.11）和公式（3.12）（么泽恩等，2021；肖红燕等，2021）。

$$S_{ij} = 1 - Y_{ij} \tag{3.11}$$

$$M_{ij} = \frac{S_{ij} W_j}{\sum_{j=1}^{n} S_{ij} W_j} \times 100\% \tag{3.12}$$

公式中，W_j是指评价指标的权重，又称因子贡献度，反映了因子对目标的作用程度；S_{ij}代表了评价指标的偏离度，反映了单项指标和土地生态安全理想值之间的距离；M_{ij}是指标层障碍度，反映了各评价指标对土地生态安全的影响。

三、评价标准

熵权TOPSIS法计算得出京津冀地区的土地生态安全指数，其值域在0~1之间。该指数可以反映区域土地生态安全状况，指数越高，反映了评价对象土地生态安全水平越高。运用Arcgis 10.2软件的Natural Breaks方法对指数进行分类，再根据区域土地生态安全状况，通过非等间距法进行调整，最终形成了京津冀地区土地生态安全的评价标准（见表3.3）。

表 3.3　　　　　　　　　　土地生态安全评价标准

土地生态安全指数	土地生态安全等级	土地生态系统状态	系统特征
[0, 0.2)	I	危险级	土地开发利用的强度严重超出土地生态的承载能力，土地生态系统的结构以及功能受到严重破坏，恢复难度很大，土地生态安全遭到严重威胁
[0.2, 0.3)	II	敏感级	土地开发利用的强度较大程度上超出土地承载能力，土地生态系统结构和功能受到较大破坏，恢复难度较大，土地生态安全遭到较为严重的威胁
[0.3, 0.4)	III	临界级	土地开发利用的强度开始超出土地生态承载能力，土地生态系统结构和功能较为完善，一般可被恢复，土地生态安全遭到威胁
[0.4, 0.6)	IV	良好级	土地开发利用的强度低于土地生态承载能力，土地生态系统结构和功能较为完善，一般可被恢复，土地生态环境较为安全
[0.6, 1]	V	安全级	土地开发利用的强度远远低于土地生态承载能力，土地生态系统的结构和功能完善，系统容易恢复，土地生态环境安全

第二节　宏观尺度下土地生态安全水平

根据熵权 TOPSIS 模型，计算得出京津冀 2007～2018 年的土地生态安全指数（见图 3.1 和表 3.4）。2007～2018 年，京津冀的总体土地生态安全指数由 0.1934 缓慢上升至 0.3284，安全级别由危险级（I）提高至临界级（III），京津冀地区土地生态安全持续好转。其变化趋势与前人研究结果基本相同（揭昌亮等，2016）：京津冀地区土地生态安全状况在 2000～2006 年持续恶化，2007～2012 年趋于好转，但恢复非常缓慢。土地生态压力指数（P）变化幅度较小，由 0.5777 上升至 0.5950，说明人类活动对土地的依赖略有降低，对土地生态安全带来的压力变小。土地生态状态指数（S）缓慢增加，由 0.1542 增加至 0.2446，说明随着经济社会的不断发展，土地利用结构和功能不断向好的方向发展，但总体处于较低的水平，改善速度也比较缓慢。土地生态响应（R）系统作为土地生态安全的重要内容，反映了人类主动应对土地生态安全压力的举措。2007~2018年，京津冀的土地生态响应指数（R）由0.1584持续增加至0.3575，说明随着土地资源环境承载力不断逼近上限，政府意识到必须进行政策调整。因此，京津冀地区土地生态安全水平的缓慢提高，主要是由于土地生态状态调整和土地生态响应程度提高。其中土地生态响应指数增加幅度最大，说明政府通过引导人口疏解，注重产业转型、加大交通建设和促进生态保护，不断提高土地生态响应指数，进而提高土地生态安全水平。各子系统的贡献率通过压力指数、状态指数和响应指数的增加值与权重共同确定，最终得到各子系统的贡献率排序为：响应子系统（R）>状态子系统（S）>压力子系统（P）。

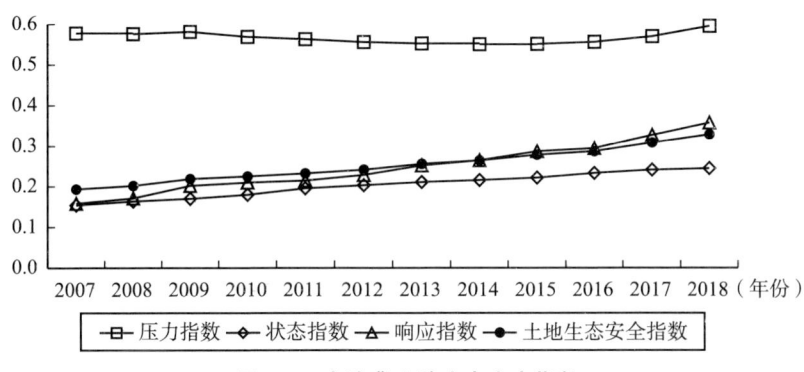

图 3.1 京津冀土地生态安全指数

表 3.4　　　　　　　　　　京津冀土地生态安全指数

年份	压力指数（P）	状态指数（S）	响应指数（R）	安全指数	安全级别	系统状态
2007	0.5777	0.1542	0.1584	0.1934	Ⅰ	危险级
2008	0.5758	0.1637	0.1712	0.2019	Ⅱ	敏感级
2009	0.5811	0.1701	0.2019	0.2187	Ⅱ	敏感级
2010	0.5686	0.1798	0.2098	0.2250	Ⅱ	敏感级

续表

年份	压力指数（P）	状态指数（S）	响应指数（R）	安全指数	安全级别	系统状态
2011	0.5628	0.1955	0.2145	0.2323	Ⅱ	敏感级
2012	0.5557	0.2031	0.2284	0.2413	Ⅱ	敏感级
2013	0.5520	0.2108	0.2517	0.2556	Ⅱ	敏感级
2014	0.5499	0.2155	0.2643	0.2639	Ⅱ	敏感级
2015	0.5509	0.2215	0.2865	0.2779	Ⅱ	敏感级
2016	0.5559	0.2329	0.2941	0.2866	Ⅱ	敏感级
2017	0.5695	0.2410	0.3269	0.3081	Ⅲ	临界级
2018	0.5950	0.2446	0.3575	0.3284	Ⅲ	临界级

未来，京津冀土地生态安全的调控需要着力于减少生态压力，持续改善土地生态状况，加大土地生态安全响应，从而提升整体土地生态安全水平。

第三节 中观尺度下土地生态安全水平

一、时空变化分析

2007~2018年，京津冀地区市级土地生态安全指数在0.1717~0.8040之间，敏感级（Ⅱ）占比最高，且表现出持续改善的趋势（见图3.2）。最低值出现在2008年的秦皇岛，说明其土地生态安全水平最低，最高值出现在2018年的北京，说明其土地生态安全水平最高。全部156个样本中，敏感级（Ⅱ）最多，89个，占57.05%；其次危险级（Ⅰ），34个，占比为21.79%；再者是临界级（Ⅲ），12个，占比均为7.69%；随之是良好级（Ⅳ），11个，占比为7.05%；最后是安全级（Ⅴ），10个，占比为6.43%，主要分布在北京、天津。

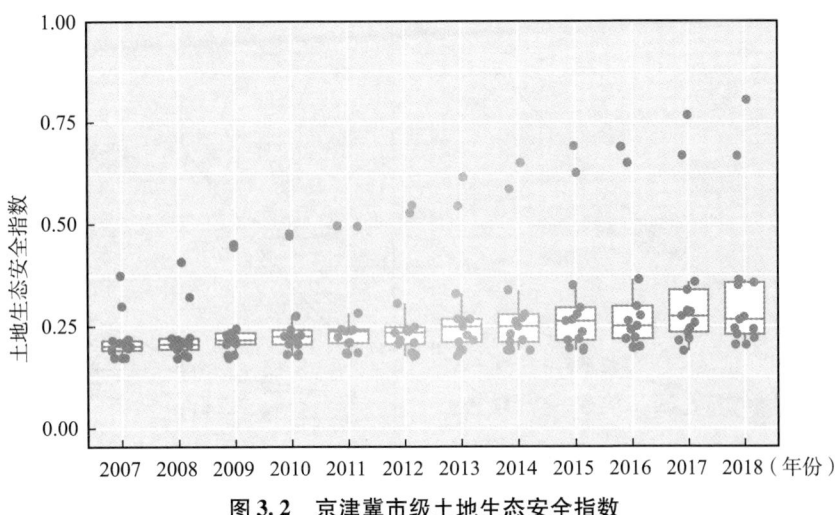

图 3.2　京津冀市级土地生态安全指数

随着时间的推进，土地生态安全的内部差异逐渐增大。2007 年市级土地生态安全指数在 0.1726～0.3744 之间，北京最高，秦皇岛最低，平均值为 0.2183，标准差为 0.0549，变异系数为 0.2512。2010 年市级土地生态安全指数在 0.1779～0.4770 之间，天津最高，秦皇岛最低，平均值为 0.2553，标准差为 0.0968，变异系数为 0.3791。2015 年市级土地生态安全指数在 0.1897～0.6915 之间，天津最高，秦皇岛最低，平均值为 0.3090，标准差为 0.1560，变异系数为 0.5049。2018 年市级土地生态安全指数在 0.2032～0.8040 之间，北京最高，承德最低，平均值为 0.3397，标准差为 0.1790，变异系数为 0.5269。

研究期内，选择 2007 年、2010 年、2015 年和 2018 年 4 个年份对变化趋势进行分析，总体来看，京津冀市级土地生态安全状况总体向好，但变化趋势不尽相同（见图 3.3）。北京、石家庄、承德、张家口、秦皇岛、廊坊、保定、衡水、邢台和邯郸等 10 个地市的土地生态安全指数持续提高，天津、唐山和沧州等 3 个地市土地生态安全指数先升后降，总体上升。

研究期内，京津冀市级土地生态安全水平整体呈现"中心＞外围"空间

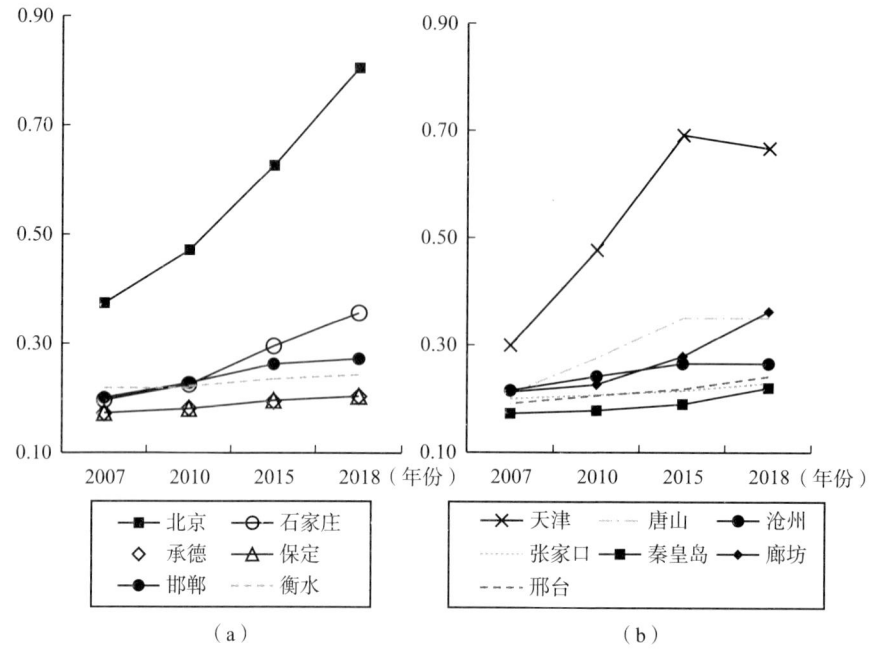

图3.3 京津冀市级土地生态安全指数变化趋势

格局，13个地市多处于敏感级（Ⅱ），占研究区面积的比例分别为54.30%（2007年）、57.80%（2010年）、52.02%（2015年）和64.63%（2018年）。2007年京津冀市级土地生态安全水平总体不高，北京处于临界级（Ⅲ），天津、唐山、沧州、廊坊、邯郸、衡水和张家口等7个地市处于敏感级（Ⅱ），秦皇岛、邢台、石家庄、承德、保定等5个地市处于危险级（Ⅰ），整体呈现"中部地区＞东、南部地区＞其他地区"的空间格局。2018年，市级土地生态安全等级明显提高，中部的北京、天津处于安全级（Ⅰ），离京津较近的唐山、廊坊处于临界级（Ⅲ），石家庄也处于临界级（Ⅲ），其他地市处于敏感级，总体上呈现"东、中部地区＞其他地区"的态势。主要是由于北京、天津作为直辖市，经济社会快速发展，带动邻近的廊坊、唐山区域经济发展，同时，河北的省会城市石家庄，经济发展水平较高，所以这5个地市对城市生态治理和基础设施的投入较高，持续推进城市生态文明建设，推动着其土地生态安全水平的持续提高。总之，京津冀市级土地生态安全水平进一步提高，但是仍然存在一定风险。下一步，要考虑协同发展的背景，关注敏感地区（如秦皇岛、承德、张家口、保定、沧州、衡水、邢台和邯郸等地）根据各城市的功能定位，配套基础设施和改善产业条件，加强生态保护，致力于区域土地生态安全状况的改善，提高当地土地生态安全水平。

二、子系统安全水平分析

（一）土地生态压力子系统

通过计算得到京津冀市级土地生态压力指数（见图3.4）。根据图3.4可以看出，市级土地生态压力由2007年的0.3286~0.9597发展到2018年的0.3449~0.9460，总体水平和区域差异变化均不大，张家口、承德等地市的土地生态安全压力状况尤为良好。具体看来，北京、天津、石家庄、承德、邢台、沧州和廊坊等7个地市土地生态压力指数呈波动升高态势，增长率分别为59.91%、35.34%、13.87%、4.39%、1.26%、0.18%和0.18%，表明这7个地市人类活动对土地的依赖略有降低，对土地生态安全带来的压力变小，其中，北京、天津和石家庄的人类活动对土地生态安全带来的压力明显降低。衡水、唐山、邯郸、保定、张家口和秦皇岛等6个地市的土地生态安全压力指数略有下降，分别下降了15.34%、14.25%、13.61%、3.03%、1.43%和0.97%，表明这6个地市的人类活动对土地的依赖变大，给土地生态系统带来的压力增大，尤其是衡水、唐山和邯郸市的人类活动给土地生态系统带来的压力明显增大。

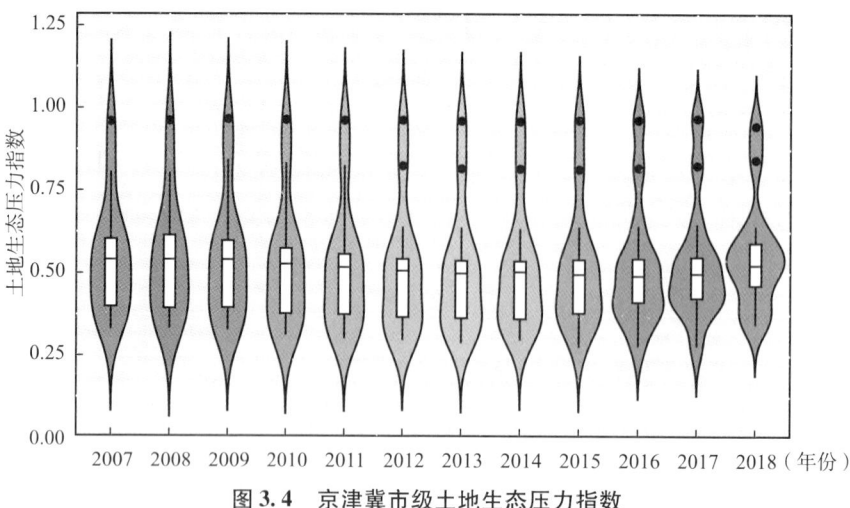

图 3.4 京津冀市级土地生态压力指数

(二) 土地生态状态子系统

通过计算得到京津冀市级土地生态状态指数（见图 3.5）。根据图 3.5 可以看出，市级土地生态状态指数从 2007 年的 0.0520~0.3063 上升到 2018 年的 0.0641~0.7778，这表明京津冀市级土地生态状态水平总体提高，区域差异显著增大，北京和天津较其他地市优势较为显著。具体看来，石家庄、承德、张家口的土地生态状态指数均呈现波动上升的态势，其他地市土地生态状态指数持续升高。天津、北京的土地生态状态指数翻倍增长，分别增长了 194.42% 和 142.85%，2018 年土地生态状态指数达到了 0.7778 和 0.7439，具备显著的优势。其他地区与北京、天津的土地生态状态差距较大，其中，唐山和廊坊的增长率相对较高，分别为 52.17% 和 36.79%，2018 年土地生态状态指数分别为 0.2984 和 0.3297。其他地区小幅增长，增长率在 10%~30% 之间，2018 土地生态状态指数在 0.0641~0.2836 之间，土地生态状态水平较低。

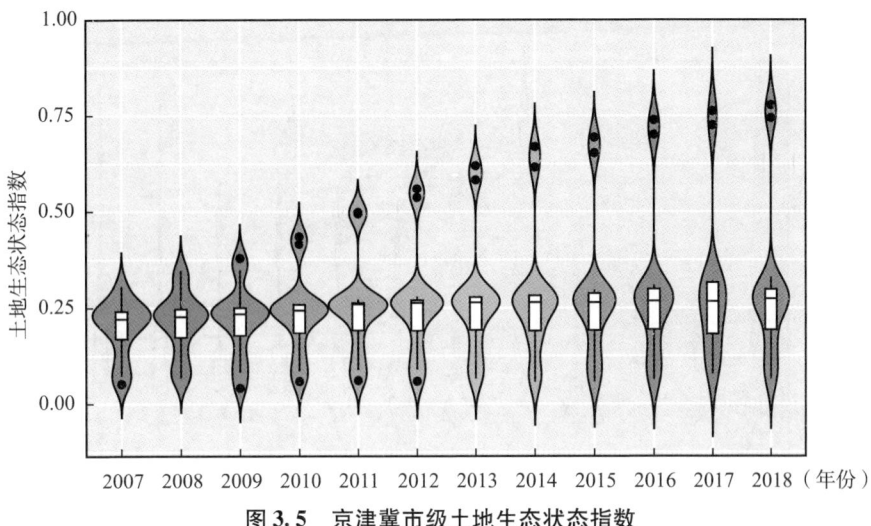

图 3.5 京津冀市级土地生态状态指数

(三) 土地生态响应子系统

通过计算得到京津冀市级土地生态响应指数（见图 3.6）。根据图 3.6 可以看出，市级土地生态响应指数从 2007 年的 0.0739~0.4237 上升为 2018 年的 0.1551~0.9567，土地生态响应水平得到明显提升，区域差异进一步拉大，北京、天津较其他地区具有明显优势。具体看来，天津、唐山和衡水的土地生态响应指数均呈现波动增加趋势，其他地市的土地生态响应指数持续升高。廊坊、石家庄、北京、唐山、承德、邢台和邯郸等 7 个地市土地生态响应指数翻倍增长，增长率分别为 197.71%、177.58%、125.82%、111.02%、109.82%、101.24% 和 100.26%，其中，北京的土地生态响应指数在 2018 年达到了 0.9567，具有显著优势。天津、张家口、保定、沧州、秦皇岛和衡水等 6 个地市土地生态响应指数增长幅度在 30%~90% 之间，分别为 88.87%、82.22%、60.40%、59.44%、43.44% 和 30.96%，其中，天津的土地生态响应指数在 2018 年达到了 0.6005，具备较大优势。

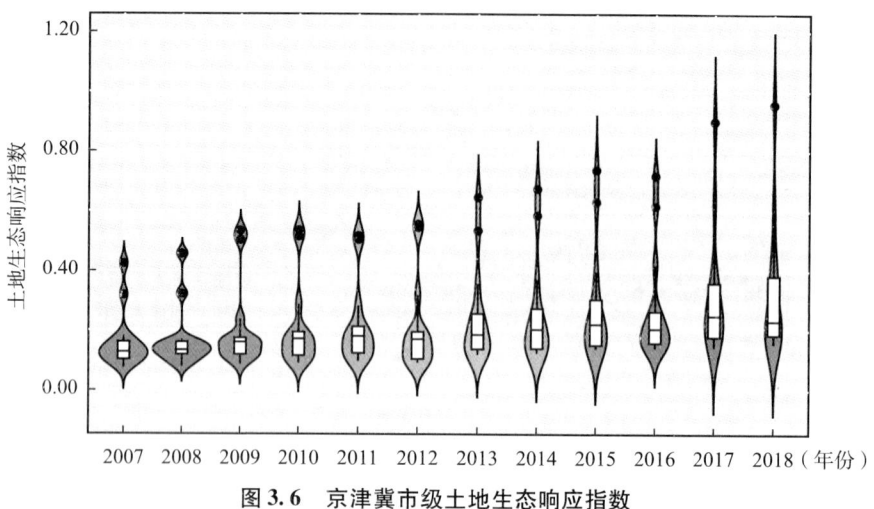

图 3.6　京津冀市级土地生态响应指数

第四节　微观尺度下土地生态安全水平

根据前文研究方法，计算 2018 年京津冀县级土地生态安全指数。2018年京津冀地区县级土地生态安全指数在 0.0560～0.6694 之间，以危险级（Ⅰ）和敏感级（Ⅱ）为主，整体呈现"中部＞北部＞南部"的空间格局。

县级土地生态压力指数最高，在 0.1594～0.9140 之间；县级土地生态状态指数在 0.0092～0.6599 之间，与县级土地生态安全总体水平最为相近；县级土地生态响应指数在 0.0560～0.9387 之间，北京、天津、石家庄等地明显高于其他地区。这说明经济发达地区通过引导人口疏解，注重产业转型、加大交通建设和促进生态保护，不断提高土地生态响应指数，进而提高土地生态安全水平。

第五节 主要障碍因子分析

一、指标层主要障碍因子

本书运用因子障碍度模型计算得到2007~2018年京津冀地区各评价指标的障碍度，根据障碍度排序选择土地生态安全的主要障碍因子，其中排名前7位的评价指标累计障碍度在90%以上，可见，京津冀地区土地生态安全的主要障碍因子共计7个（见表3.5），其中，压力层1个、状态层3个、响应层3个。主要障碍因子分别为：土地经济密度（D11），地均交通运输、仓储和邮政业投资（D15），人均GDP（D13），第三产业比重（D14），耕地面积比重（D8），单位耕地面积化肥施用量（D5）和城市建成区绿化覆盖率（D9）。

表3.5　　京津冀土地生态安全主要障碍因子　　单位：%

年份	项目	指标排序						
		1	2	3	4	5	6	7
2007	指标层	D11	D15	D13	D14	D8	D5	D9
	统计值	28.63	27.89	14.58	7.26	5.47	4.55	3.64
2008	指标层	D11	D15	D13	D14	D8	D5	D9
	统计值	28.69	28.35	14.21	6.94	5.55	4.62	3.61
2009	指标层	D11	D15	D13	D14	D8	D5	D9
	统计值	29.36	27.92	14.34	6.58	5.54	4.64	3.42
2010	指标层	D11	D15	D13	D14	D8	D5	D9
	统计值	28.83	27.34	13.61	6.66	5.56	4.76	3.79

续表

年份	项目	指标排序						
		1	2	3	4	5	6	7
2011	指标层	D11	D15	D13	D14	D8	D5	D9
	统计值	28.64	28.26	12.82	6.87	5.64	4.87	3.42
2012	指标层	D11	D15	D13	D14	D8	D5	D9
	统计值	28.53	28.22	12.37	6.83	5.72	4.99	3.48
2013	指标层	D11	D15	D13	D14	D8	D5	D9
	统计值	28.75	28.04	12.05	6.74	5.85	5.12	3.53
2014	指标层	D11	D15	D13	D14	D8	D5	D9
	统计值	28.83	28.26	11.82	6.44	5.95	5.25	3.52
2015	指标层	D11	D15	D13	D8	D14	D5	D9
	统计值	29.27	28.38	11.82	6.12	6.00	5.35	3.62
2016	指标层	D15	D11	D13	D8	D14	D5	D9
	统计值	29.53	29.19	11.21	6.23	5.47	5.36	3.70
2017	指标层	D11	D15	D13	D8	D14	D5	D9
	统计值	29.85	29.10	10.94	6.46	5.03	5.28	3.83
2018	指标层	D11	D15	D13	D8	D5	D14	D9
	统计值	30.71	29.75	9.43	6.76	5.24	5.10	4.05

研究期内，土地经济密度（D11）的障碍度始终居于首位，从28.63%（2007年）上升到30.71%（2018年）。其次是地均交通运输、仓储和邮政业投资（D15），从27.89%（2007年）上升到29.75%（2018年）。然后是人均GDP（D13），从14.58%（2007年）下降到9.43%（2018年）。第三产业比重（D14）、耕地面积比重（D8）依次位于第四位、第五位，第三产业比重（D14）从7.26%（2007年）下降到6.76%（2018年），耕地面积比重（D8）从5.47%（2007年）下降至5.24%（2018年）。单位耕地面积化肥施用量（D5）在大多数年份位于第六位，仅在2018年位于第五

位，从4.55%（2007年）略微提高到5.10%（2018年）。城市建成区绿化覆盖率（D9）居于第七位，从3.64%（2007年）略微提高到4.05%（2018年）。

二、不同区域主要障碍因子

不同区域的主要障碍因子不尽相同（见表3.6）。2007年，土地经济密度（D11）、地均交通运输、仓储和邮政业投资（D15）和人均GDP（D13）是13个区域的障碍因子。第三产业比重（D14）是12个区域（北京除外）的障碍因子。单位耕地面积化肥施用量（D5）是11个区域（除承德和张家口之外）的障碍因子。城市建成区绿化覆盖率（D9）也是10个区域（除天津、秦皇岛、廊坊之外）的障碍因子。耕地面积比重（D8）是8个区域（除廊坊、沧州、衡水、邢台和邯郸之外）的障碍因子。2018年，土地经济密度（D11）、地均交通运输、仓储和邮政业投资（D15）、第三产业比重（D14）是12个区域（北京除外）的障碍因子。人均GDP（D13）是11个区域的障碍因子，不再是北京和天津的障碍因子。单位耕地面积化肥施用量（D5）和耕地面积比重（D8）的主要影响区域与2007年相同。城市建成区的绿化覆盖率（D9）是11个区域（除承德、廊坊外）的主要障碍因子。

表3.6　　　　京津冀市级土地生态安全主要障碍因子　　　　单位：%

区域	项目	2007年							2018年						
		1	2	3	4	5	6	7	1	2	3	4	5	6	7
北京	指标层	D11	D15	D13	D8	D5	D1	D9	D8	D10	D1	D9	D5	D16	D12
	统计值	25.25	22.75	13.01	10.33	6.89	5.80	4.25	32.17	19.39	14.20	10.36	10.03	5.24	2.57
天津	指标层	D11	D15	D13	D14	D5	D8	D1	D15	D14	D8	D11	D9	D1	D5
	统计值	25.99	22.72	13.57	9.12	6.02	5.12	4.80	29.38	9.90	9.67	8.88	8.65	7.21	6.73
石家庄	指标层	D15	D11	D13	D14	D5	D8	D9	D11	D15	D13	D5	D14	D8	D9
	统计值	27.65	27.62	15.12	8.40	7.94	3.80	3.46	30.56	21.96	13.92	8.44	6.70	5.88	4.08

续表

区域	项目	2007年							2018年						
		1	2	3	4	5	6	7	1	2	3	4	5	6	7
承德	指标层	D11	D15	D13	D14	D8	D9	D16	D11	D15	D13	D8	D14	D10	D16
	统计值	27.50	26.83	14.60	9.74	8.54	3.59	2.67	29.50	28.91	12.70	8.98	7.08	3.82	3.43
张家口	指标层	D11	D15	D13	D14	D8	D10	D9	D11	D15	D13	D8	D14	D10	D9
	统计值	28.83	28.14	15.66	7.90	6.67	5.41	3.43	31.27	28.66	14.42	6.88	6.35	5.18	3.46
秦皇岛	指标层	D11	D15	D13	D8	D5	D14	D10	D15	D11	D13	D8	D5	D14	D9
	统计值	28.08	27.94	14.83	6.54	6.19	6.17	3.19	28.60	28.45	12.04	7.12	6.97	5.79	3.39
唐山	指标层	D11	D15	D13	D14	D5	D8	D9	D11	D15	D14	D5	D13	D8	D9
	统计值	28.07	25.93	13.76	10.02	6.49	4.29	3.18	27.54	24.96	10.61	8.40	8.38	5.20	3.94
廊坊	指标层	D15	D11	D13	D14	D5	D10	D1	D11	D15	D13	D14	D1	D10	D5
	统计值	29.19	28.54	15.60	10.25	3.83	3.16	2.79	30.09	27.58	13.12	6.68	4.46	4.55	4.43
保定	指标层	D11	D15	D13	D14	D5	D8	D9	D15	D11	D13	D14	D5	D8	D9
	统计值	28.32	27.58	15.99	8.91	4.77	4.62	3.35	29.27	28.88	14.76	7.33	5.17	4.88	3.28
沧州	指标层	D11	D15	D13	D14	D9	D5	D1	D15	D11	D13	D14	D9	D5	D10
	统计值	29.71	29.69	16.12	9.12	3.88	3.57	2.12	31.19	30.37	13.81	7.45	3.98	3.52	2.79
衡水	指标层	D15	D11	D13	D14	D9	D5	D10	D15	D11	D13	D14	D5	D9	D1
	统计值	29.77	29.57	16.66	9.63	4.24	3.92	2.42	31.57	30.22	15.03	7.76	5.82	3.59	2.38
邢台	指标层	D15	D11	D13	D14	D5	D9	D1	D11	D15	D13	D14	D5	D9	D1
	统计值	28.37	28.35	16.03	10.37	4.40	3.37	2.29	30.40	29.34	15.90	7.63	4.32	3.53	3.08
邯郸	指标层	D15	D11	D13	D14	D5	D1	D9	D11	D15	D13	D14	D5	D1	D9
	统计值	28.77	28.31	15.88	9.32	6.46	3.23	3.06	29.24	26.11	15.36	8.10	7.14	4.53	3.55

第六节 本章小结

本章从京津冀协同发展战略的视角出发，基于PSR模型，综合考虑人口疏解、产业转型、交通一体化和生态保护等因素对于土地生态安全的影响，建立了京津冀地区土地生态安全的评价指标体系，从"宏观－中观－微观"等不同尺度评价了2007~2018年京津冀地区的土地生态安全水平，分析了其时空变化规律，引入因子障碍度模型，揭示了影响土地生态安全的主要障碍因子。主要结论如下：

（1）研究期内，京津冀土地生态安全总体处于较低水平，持续向好发展。整体土地生态安全指数由0.1934（2007年）缓慢上升至0.3284（2018年），安全级别由危险级（Ⅰ）提高至临界级（Ⅲ）。土地生态压力指数、土地生态状态指数、土地生态响应指数均有所提高，土地生态安全各子系统的贡献率排序依次为：响应子系统（R）>状态子系统（S）>压力子系统（P）。

（2）京津冀市级土地生态安全水平不断提高，安全指数由0.1726~0.3744（2007年）提高至0.2032~0.8040（2018年）。安全级别以敏感级（Ⅱ）为主，区域内部发展并不均衡，内部差异逐渐增大。各区域均有所上升，北京、石家庄、承德、张家口、秦皇岛、廊坊、保定、衡水、邢台和邯郸等10个区域的土地生态安全指数持续提高，天津、唐山和沧州等3个区域土地生态安全指数先升后降，总体上升。

（3）随着研究尺度的细化，土地生态安全的空间异质性特征明显。市级土地生态安全呈现"中心>外围"的空间格局，北京、天津显著高于其他地区。2018年县级土地生态安全指数在0.0560~0.6694之间，以危险级（Ⅰ）和敏感级（Ⅱ）为主，整体呈现"中部>北部>南部"的空间格局。

（4）从障碍因子看，影响京津冀土地生态安全的主要障碍因子有7个，其中压力层1个、状态层3个、响应层3个。主要障碍因子分别为：土地经济密度，地均交通运输、仓储和邮政业投资，人均GDP，第三产业比重，耕地面积比重，单位耕地面积化肥施用量和城市建成区绿化覆盖率。

第四章
京津冀经济高质量发展评价及障碍因子分析

　　基于前文京津冀地区的土地生态安全评价结果，本章重点对京津冀地区经济高质量发展开展评价，为下文开展二者的耦合机理研究、耦合协调关系分析奠定数据基础和分析依据。本章基于经济高质量发展的内涵，结合京津冀发展实际，构建经济高质量发展评价指标体系，从"宏观－中观－微观"等多尺度分析了京津冀地区经济高质量发展水平的时空变化规律，明确影响经济高质量发展的主要障碍因子，从而为提高京津冀地区经济高质量发展水平、开展经济高质量发展与土地生态安全的耦合机理实证研究提供参考。

第一节　评价模型

一、评价指标体系确定

　　已有研究从不同角度构建经济高质量发展评价指标体系，开展对京津冀经济高质量发展的研究。例如，蔺鹏等（2020）、李文鸿等（2021）采用绿色全要素生产率指标来衡量经济高质量发展，许永兵等（2020）、韩雅清等（2021）、张震等（2021）、文余源等（2022）在"五大发展理念"基础上结合区域经济发展特点构建评价指标体系。本书围绕经济高质量发展的内涵，参考前人研究成果（郭冬艳等，2022；李梦欣等，2019；孙豪等，2020；马跃，2020；任保平等，2020；许永兵等，2020；韩雅清等，2021；张震等，2021），根据全面性、系统性、代表性、可得性等四个原则，从创新发展、协调发展、绿色发展、开放发展、共享发展等五个维度选取评价指标，构建了京津冀地区经济高质量发展的评价指标体系（见表4.1和表4.2）。

表4.1　　　　　京津冀市级经济高质量发展评价指标体系

一级指标 A	二级指标 B	三级指标 C	指标方向
经济高质量发展	创新发展	C1 万人专利授权数（件/万人）	＋
		C2 研发投入强度（%）	＋
	协调发展	C3 需求结构（%）	＋
		C4 城乡结构（%）	－
		C5 区域结构（%）	＋
	绿色发展	C6 单位GDP能耗（%）	－
		C7 污水处理率（%）	＋
		C8 生活垃圾无害化处理率（%）	＋
	开放发展	C9 外商投资比重（%）	＋
		C10 金融发展程度（%）	＋
	共享发展	C11 劳动者报酬比重（%）	＋
		C12 居民收入增长弹性（%）	＋
		C13 恩格尔系数（%）	－

注：①研发投入强度采用科学技术支出与地方一般公共预算支出的比值测算；需求结构用社会消费品零售总额与地方GDP的比值测算；城乡结构用城镇居民人均可支配收入与农村居民人均纯收入比值测算；区域结构用人均GDP与全国人均GDP比值测算；外商投资比重用实际外商投资与地方GDP比值确定；劳动者报酬比重用职工平均工资与地方GDP比值确定；居民收入增长弹性用居民人均可支配收入增长率与地方GDP增长率比值确定；恩格尔系数用城镇居民人均食品支出与城镇居民人均消费型支出的比值确定。②"＋"表示指标为正向指标，"－"表示指标为负向指标。

表 4.2　　　　　京津冀县级经济高质量发展评价指标体系

一级指标 A	二级指标 B	三级指标 C	指标方向
经济高质量发展	创新发展	万人专利授权数（件/万人）	＋
		研发投入强度（％）	＋
	协调发展	需求结构（％）	＋
		城乡结构（％）	＋
		区域结构（％）	＋
	绿色发展	单位 GDP 电耗（％）	－
		空气质量（％）	＋
	开放发展	外商投资比重（％）	＋
		金融发展程度（％）	＋
	共享发展	劳动者报酬比重（％）	＋
		万人医疗机构床位数（％）	＋
		基本养老保险人数比例（％）	＋

注：①城乡结构采用城镇化率。②"＋"表示指标为正向指标，"－"表示指标为负向指标。

创新发展目的是解决经济高质量发展过程中的动力问题。以创新来驱动经济高质量发展，通过理论、制度、科技和文化等多方面的创新，推动质量变革、效率变革以及动力变革，提高国家、行业或企业的全要素生产率，促进我国经济可持续发展的内生动力转变。在市级和县级评价指标体系中，本书选取研发投入强度指标反映不同地区经济发展过程中对研发的重视程度，选取万人专利授权数指标反映各地实际取得的研发成果。

协调发展目的是解决经济高质量发展过程中的不平衡问题。京津冀地区区域差异大，结构不平衡，只有遵循协调发展的原则，坚持优化区域结构、缩小城乡差距，才能促进协调发展。此外，扩大内需已经成为推动经济高质量发展的重要基础。在市级和县级评价指标体系中，本书选择需求结构指标表征需求的协调程度，选取城乡结构、区域结构等指标分别衡量城乡间和区域间的协调程度。

绿色发展目的是解决经济高质量发展过程中的人与自然和谐问题。只有资源、环境得到有效保护和合理利用，资源节约集约利用、减少碳排放和环境污染，同时加大对绿色观念的宣传、绿色技术的应用、绿色市场的培育、绿色产品的研发来促进经济增长，才能实现真正的绿色发展。在市级评价指标体系中，本书选择单位 GDP 能耗指标来反映经济运行对能源的消耗情况，选择污水处理率、生活垃圾无害化处理率等指标反映经济发展过程中的环境污染改善情况。根据代表性和可得性的原则，县级评价指标体系与市级评价指标体系略有不同，选择单位 GDP 电耗指标来反映经济运行对能源的消耗情况，选择污水处理率、空气质量等指标反映经济发展过程中的环境污染改善情况。

开放发展目的是解决经济高质量发展过程中的内外互动问题。坚持开放的观念，加强经济的互相融通，利用好国内和国际两个市场、国内和国外两种资源，从而打造高层次、全方位的开放型经济。在市级和县级评价指标体系中，本书选择外商投资比重指标反映对外开放程度，选择金融发展程度指标反映国内市场的开放程度。

共享发展目的是解决经济高质量发展过程中的社会公平问题。遵循人本的思想和原则，发展成果由全民共享。党的十九大报告强调，居民收入应当与经济发展同步增长，劳动报酬应当与劳动生产率同步提高。在市级评价指标体系中，本书选择劳动者报酬比重、居民收入增长弹性、恩格尔系数等指标来反映共享水平。根据代表性和可得性的原则，县级评价指标体系与市级评价指标体系略有不同，选择劳动者报酬比重、万人医疗机构床位数、基本养老保险人数比例等指标来反映共享发展水平。

二、评价方法

（一）极差化方法

各指标单位不一致，因此需要对数据进行标准化处理，以消除不同量纲的影响。本书采用极差化方法进行处理，区分正向指标和负向指标，采用不同的计算公式，具体计算公式见公式（4.1）和公式（4.2）。

$$\text{正向指标：} Y_{ij} = \frac{X_{ij} - \min x_j}{\max x_j - \min x_j} \qquad (4.1)$$

$$\text{逆向指标：} Y_{ij} = \frac{\max x_j - X_{ij}}{\max x_j - \min x_j} \qquad (4.2)$$

公式中，$\max x_j$、$\min x_j$分别代表第j个指标下各评价单元的最大值、最小值。

（二）熵权法

熵权法是一种客观赋权方法，可以减少人为主观影响。其原理是：权重高低由指标变化程度对结果的影响高低而定。如果指标变化幅度越大，那么信息熵就越小，该项指标权重越高；反之，如果指标变化幅度越小，那么信息熵越大，该项指标的权重越低，具体计算公式见公式（4.3）、公式（4.4）和公式（4.5）（乔蕻强等，2016；陈伊多等，2018）。

$$F_{ij} = \frac{Y_{ij}}{\sum_{i=1}^{m} Y_{ij}} \qquad (4.3)$$

$$E_j = -\frac{1}{\ln m} \sum_{i=1}^{m} F_{ij} \ln(F_{ij}), \ 0 \leq E_j \leq 1 \qquad (4.4)$$

$$W_j = \frac{1 - E_j}{\sum_{j=1}^{n} (1 - E_j)} \qquad (4.5)$$

公式中：F_{ij}代表矩阵Y_{ij}中j指标下第i评价单元的指标值占该指标总和的比重；E_j代表第j项指标的信息熵；W_j代表第j个指标的权重。

（三）理想点排序法

理想点排序法是一种多属性决策（Technique for Order Preference by Similarity to Ideal Solution，TOPSIS）方法，该方法常用于系统工程的有限方案多目标决策，它能够系统地分析经济高质量发展水平与理想状态的差距，通过不同年份与正、负理想解的距离来计算经济高质量发展指数。具体计算公式见公式（4.6）至公式（4.10）（马艳，2019；么泽恩等，2021）。

$$V_{ij} = (V'_{ij}) = (Y_{ij} \times W_j)_{,m \times n} \qquad (4.6)$$

$$\begin{cases} V^+ = (V'_{ij}) \max \\ V^- = (V'_{ij}) \min \end{cases} \qquad (4.7)$$

$$D_i^+ = \sqrt{\sum_{j=1}^n (V_{ij} - V^+)^2} \qquad (4.8)$$

$$D_i^- = \sqrt{\sum_{j=1}^n (V_{ij} - V^-)^2} \qquad (4.9)$$

$$P_i = \frac{D_i^-}{D_i^+ + D_i^-} \qquad (4.10)$$

公式中：V_{ij}代表加权规范化矩阵；V^+代表正理想解；V^-代表负理想解；D_i^+、D_i^-分别代表评价单元与正负理想解的距离；P_i代表经济高质量发展指数。

（四）因子障碍度模型

通过计算评价指标和准则层障碍度的大小，确定其对目标的影响程度。本书引入因子障碍度模型，根据各评价指标障碍度的大小，可以反映其对经济高质量发展的影响程度，从而有利于找出主要障碍因子，为进一步推动经济高质量发展提供参考。具体计算公式见公式（4.11）~公式（4.13）（么泽恩等，2021；肖红燕等，2021）。

$$S_{ij} = 1 - Y_{ij} \qquad (4.11)$$

$$M_{ij} = \frac{S_{ij} W_j}{\sum_{j=1}^n S_{ij} W_j} \times 100\% \qquad (4.12)$$

$$I = \sum M_{ij} \qquad (4.13)$$

公式中：W_j是指评价指标的权重，又称因子贡献度，反映了因子对目标的作用程度；S_{ij}代表了评价指标的偏离度，反映了单项指标和经济高质量发展理想值之间的距离；M_{ij}是指标层障碍度，反映了各评价指标对经济高质量发展的影响；I是指准则层障碍度，反映了准则维度对经济高质量发展的影响。

第二节 宏观尺度下经济高质量发展水平

本章基于经济高质量发展评价指标体系和上述测算方法，测算了研究期内京津冀整体的经济高质量发展指数（见图4.1）。总体而言，京津冀发展水平波动上升，经济高质量发展指数由0.2578（2007年）升高至0.3517（2018年），增加幅度为36.40%。指数逐年增速变化较大：2009年、2011年和2012年增速为负值，经济高质量发展指数降低；其他年份经济高质量发展指数升高，2014年增速高达7.26%，其次是2010年的6.18%，再者是2018年、2017年和2013年，增速分别为5.62%、5.45%、4.97%。与前人关于经济高质量发展的研究比较发现，研究结果基本一致：许永兵等（2020）、韩雅清等（2021）、张震等（2021）、文余源等（2022）等研究发现，京津冀地区经济高质量发展水平总体上处于较低水平，呈现升高的发展趋势。研究结论的相似性和一致性说明从区域协同发展的战略视角出发，围绕"五大发展理念"构建经济高质量发展的评价指标体系，具有一定的理论可行性。

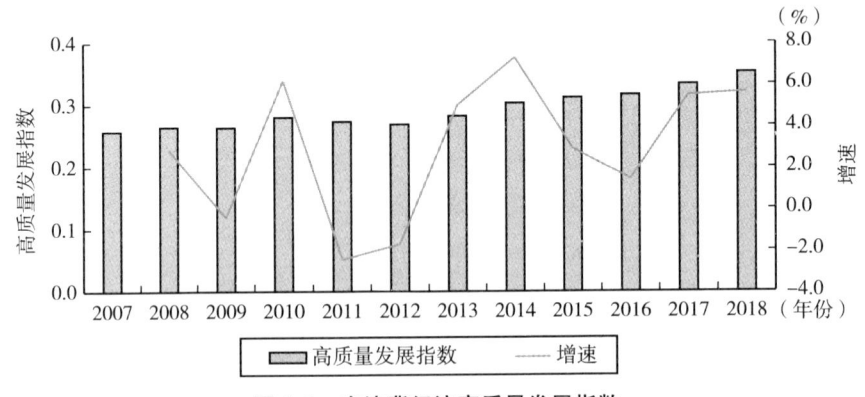

图4.1 京津冀经济高质量发展指数

不同子系统的发展水平和变化趋势不尽相同（见图4.2）。从发展水平看，绿色发展＞共享发展＞创新发展＞开放发展＞协调发展。从变化趋势看：共享发展、创新发展、绿色发展3个子系统波动上升，开放发展和协调发展2个子系统波动下降。各子系统的贡献率通过各子系统发展指数的增加值和权重共同确定，最终得到各子系统的贡献率排序为：创新发展＞共享发展＞绿色发展＞开放发展＞协调发展。由此可见，创新发展、共享发展和绿色发展对京津冀区域经济高质量发展水平的提升拉动作用明显。

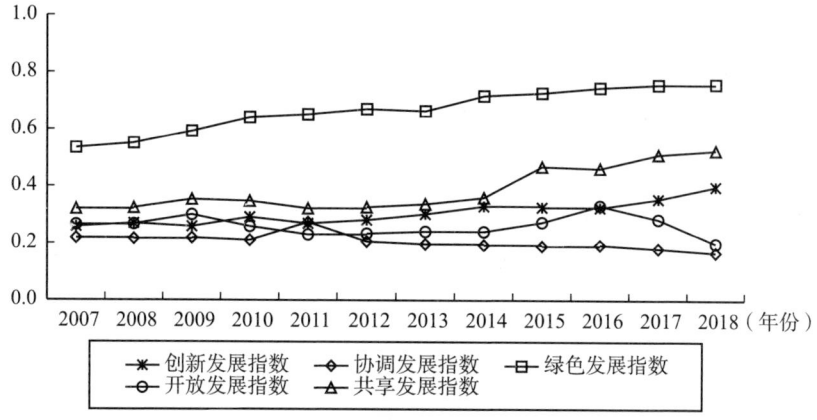

图4.2　京津冀经济高质量发展分指数

具体来看：创新发展指数由0.2588（2007年）上升至0.3990（2018年），增加幅度为54.19%，但是在4个年份微有下降，主要是2009年、2011年、2015年和2016年；协调发展指数由0.2188（2007年）下降至0.1675（2018年），降低幅度为23.42%，不过在个别年份有回升的趋势，主要是2009年、2011年和2016年；绿色发展指数由0.5346（2007年）上升至0.7592（2018年），增加幅度为42.01%，仅在2013年出现略微下降，其他年份持续升高；开放发展指数由0.2656（2007年）下降至0.1992（2018年），降低幅度为25.00%，在2016年达到研究期内最高值，为0.3323；共享发展指数由0.3207（2007年）升高至0.5262（2018年），增加幅度最高，为64.07%，在3个年份有所降低，分别是2010年、2011年和2016年。

第三节 中观尺度下经济高质量发展水平

一、时空变化分析

2007~2018年，京津冀地区市级经济高质量发展指数在0.0846~0.6197之间，经济高质量发展水平表现出持续改善的趋势，且内部差异略有增加（见表4.3和图4.3）。最低值出现在2011年的保定（0.0846），说明其经济高质量发展程度低，最高值出现在2018年的北京，说明经济高质量发展程度高（0.6197）。研究期内，市级经济高质量发展指数的取值空间从 [0.09, 0.40]（2007年）升至 [0.14, 0.62]（2018年），平均值从0.1772（2007年）升高至0.2615（2018年），这表明经济高质量发展指数逐步升高，经济高质量发展水平持续好转。市级经济高质量发展指数的标准差由0.0850（2007年）波动升高至0.1294（2018年），变异系数先升后降，从0.4795（2007年）升高至最高值0.5982（2013年），之后下降至0.4948（2018年），这表明经济高质量发展水平的内部差异略有增加。韩雅清等（2021）、文余源等（2022）、毕胜等（2020）认为京津冀区域内部经济高质量发展水平差异大，区域发展不均衡；许永兵等（2020）通过泰尔指数变化趋势发现，2014年以来京津冀区域内部经济高质量发展的差距呈现缩小趋势。本书发现区域内部发展并不均衡，内部差异并没有看到明显的改善趋势。

表4.3　　　　　　　京津冀市级经济高质量发展指数特征

项目	2007年	2008年	2009年	2010年	2011年	2012年
取值区间	[0.09, 0.40]	[0.09, 0.40]	[0.09, 0.41]	[0.09, 0.45]	[0.08, 0.43]	[0.09, 0.45]
平均值	0.1772	0.1805	0.1883	0.1862	0.1885	0.1878

续表

项目	2007年	2008年	2009年	2010年	2011年	2012年
标准差	0.0850	0.0851	0.0846	0.0964	0.1023	0.0996
变异系数	0.4795	0.4715	0.4493	0.5179	0.5425	0.5301
项目	2013年	2014年	2015年	2016年	2017年	2018年
取值区间	[0.09, 0.51]	[0.13, 0.53]	[0.13, 0.55]	[0.13, 0.56]	[0.15, 0.60]	[0.14, 0.62]
平均值	0.1992	0.2161	0.2258	0.2345	0.2558	0.2615
标准差	0.1192	0.1096	0.1196	0.1212	0.1174	0.1294
变异系数	0.5982	0.5069	0.5297	0.5168	0.4590	0.4948

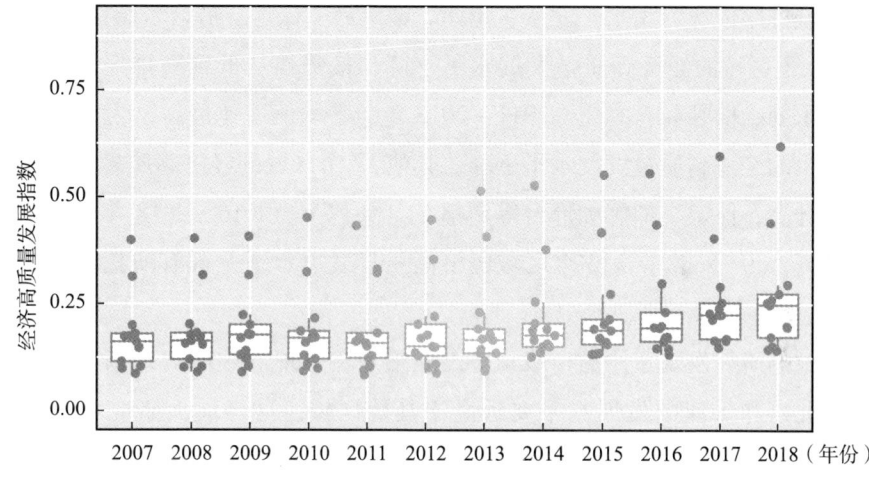

图 4.3 京津冀市级经济高质量发展指数

研究期内，市级经济高质量发展指数主要分布在 0.1~0.2 之间，占比超过 60%。全部 156 个样本中，处于 0.1~0.2 之间最多，95 个，占比为 60.90%；其次是 0.2~0.3，26 个，占比为 16.67%；处于 0~0.1 与 0.4~0.5 之间均是 10 个，占比均为 6.41%；0.3~0.4 之间是 9 个，占比为 5.77%；0.5~0.6 之间的是 5 个，占比为 3.221%；0.6 以上的只有 1 个，占比为 0.64%。

研究期内，京津冀经济高质量发展情况虽然总体向好，但各区域的变化趋势不尽相同（见图4.4）。选择2007年、2010年、2015年、2018年4个年份对变化趋势进行分析，总体来看：8个区域经济高质量发展水平持续提高，按增幅排序依次是邢台、衡水、保定、北京、沧州、秦皇岛、廊坊、天津，增幅分别为72.33%、71.86%、66.79%、55.11%、53.29%、48.03%、44.87%、40.55%；4个区域经济高质量发展水平波动上升，按增幅排序依次是承德、张家口、邯郸和石家庄，增幅分别为57.42%、53.89%、36.69%和32.02%；仅有1个区域经济高质量发展指数下降，唐山下降幅度为0.61%。不同时期各区域的经济高质量发展趋势也有所不同。2007~2010年，平均值增速最低，为5.05%，9个区域的经济高质量发展水平提高，按增幅高低排序依次为衡水、北京、沧州、秦皇岛、保定、邢台、唐山、廊坊、天津。4个区域的经济高质量发展水平下降，按降幅从低到高排序依次为张家口、承德、邯郸和石家庄。2011~2015年，平均值增速最高，为21.27%，仅有唐山的经济高质量发展水平下降，其他12个区域的经济高质量发展水平均有所升高，保定、邯郸和邢台等增幅在30%以上。2016~2018年，平均值增速最高，为15.82%，13个区域经济高质量发展水平全部有所提高，承德增幅在30%以上。

本章的研究发现京津冀市级经济高质量发展呈现"中心>外围"的空间格局，北京和天津的发展水平要远高于其他区域，这与前人研究（许永兵等，2020；韩雅清等，2021；张震等，2021；文余源等，2022）基本一致。这说明虽然京津冀协同发展在一定程度上带动了河北的经济发展，但是由于空间的行政特点，河北作为保障首都政治、生态和稳定的护城河作用凸显，其经济带动作用受到限制。

分年度看，2007年处于0~0.15之间的有6个，分别是保定、沧州、石家庄、衡水、邢台和邯郸，处于0.15~0.30之间的有5个，分别是张家口、承德、秦皇岛、唐山和廊坊，处于0.30~0.45之间仅有北京和天津。2010年多数区域经济高质量发展水平变化不明显，仅有2个区域明显提高，北京提高至0.45~0.60之间，衡水提高至0.15~0.30之间。2015年，多数区域

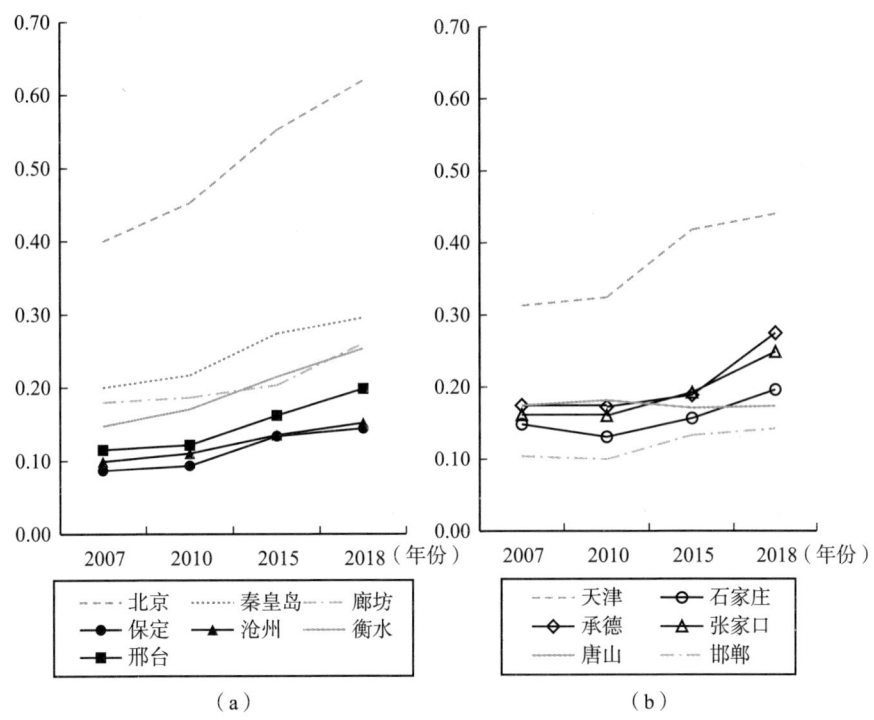

图 4.4 京津冀市级经济高质量发展指数变化趋势

经济高质量发展水平变化不明显,仅有 2 个区域明显提高,石家庄、邢台均提高至 0.15~0.30。2018 年,多数区域经济高质量发展指数变化不明显,仅有 2 个区域明显提高,北京提高至 0.60~0.75,沧州提高至 0.15~0.30。

二、子系统发展水平分析

（一）创新发展子系统

通过计算得到京津冀市级创新发展指数（见图 4.5）。从图 4.5 可以看出,京津冀地区市级创新发展指数由 2007 年的 0.0139~0.4099 提高到 2018 年的 0.0169~0.9229,说明创新发展水平总体提升,同时内部差异进一步扩大。

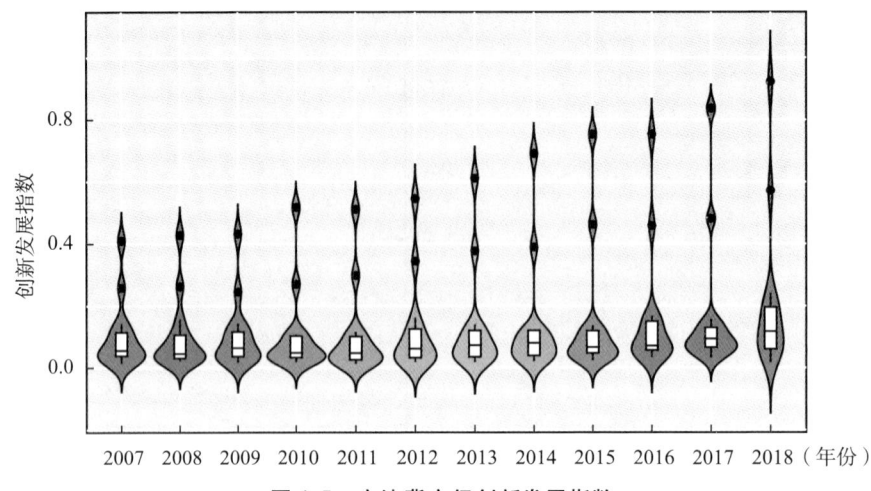

图4.5 京津冀市级创新发展指数

北京、天津、廊坊、秦皇岛、石家庄、衡水等区域创新发展优势较为明显。具体来看，北京、天津、秦皇岛创新发展指数持续好转，邯郸略有下降，其他区域波动上升。从增长率看，张家口、秦皇岛、衡水和邢台等4个区域实现约2~5倍数的提升，分别提高了534.79%、367.43%、358.03%、191.49%，主要是由于4个区域创新发展的初始水平较低，因此提升潜力较大引起的。北京、天津和廊坊等3个区域实现了翻倍提升，分别提高了125.14%、121.14%、118.18%，其创新发展水平也居于京津冀地区前列。一方面，是由于北京、天津的经济社会发展状况较好，对于科技创新平台的建设强度和科技投入的力度均居于较高水准；另一方面，是北京作为首都，天津作为直辖市，以其核心的城市地位，吸引了大量高科技产业以及人才流入，加速提升了其创新发展水平。廊坊由于临近北京、天津两地，受二者的资源外溢效益明显，对于创新发展水平具有一定的拉升作用。沧州、石家庄、唐山、承德和保定等5个区域的增速较低，分别是33.38%、28.51%、9.53%、7.88%和5.47%，但其中，石家庄创新发展指数较高，处于较高的发展水平，表明其作为省会城市，由于经济社会发展和中心城市集聚两个方面因素的影响，共同拉升了创新发展水平。

(二) 协调发展子系统

通过计算得到京津冀市级协调发展指数（见图4.6）。根据图4.6可以看出，市级协调发展指数由2007年的0.0759～0.8122下降到2018年的0.0603～0.5849，协调发展水平总体下降，但区域内部差异有所降低。

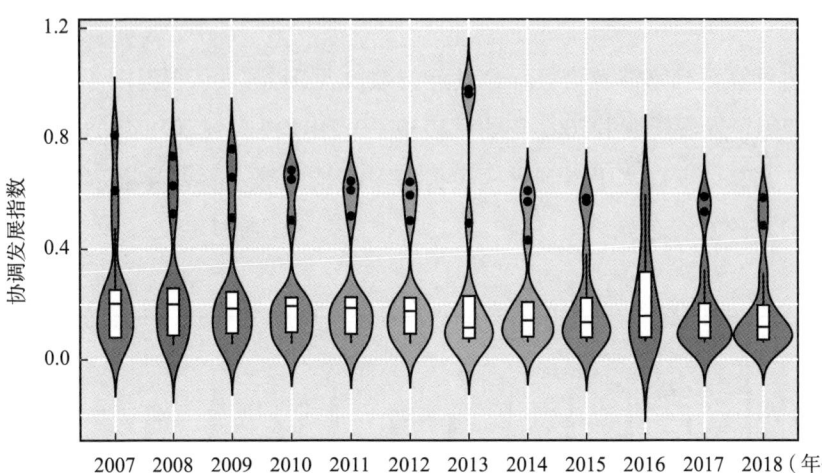

图4.6 京津冀市级协调发展指数

北京、天津、唐山、廊坊、石家庄等区域协调发展优势较为明显。具体看来，北京、承德、张家口、唐山、保定、衡水、邢台的协调发展指数均呈现波动下降的态势，其他区域协调发展指数持续下降。从下降率看，邯郸、秦皇岛、沧州和石家庄等4个区域下降了50%左右，分别下降了51.13%、43.83%、42.37%和40.35%，2018年协调发展指数分别为0.0775、0.1337、0.1173和0.1511，这说明4个区域的协调发展水平较低，并且有进一步恶化的风险。唐山、承德、北京、邢台、张家口和天津等6个区域下降了20%～30%，分别下降了33.93%、33.33%、27.99%、22.24%、20.89%和20.88%，2018年协调发展指数分别为0.3139、0.0827、0.5849、0.0628、0.0603和0.4849。这表明北京、天津、唐山的协调发展水平处于中等水平，承德、邢台和张家口的协调发展水平较低,但是均有进一步降低的可能。保定、廊坊和衡水等3个区域的协调发展指数下降了10%左右,分别下降了10.30%、9.51%和6.35%,2018年的协调发展指数分别为0.0690、0.1965和0.0711,这表明廊坊的协调发展水平处于中等水平,保定和衡水的协调发展水平较低,但是均有继续下降的可能。

(三)绿色发展子系统

通过计算得到京津冀市级绿色发展指数(见图4.7)。根据图4.7可以看出,市级绿色发展指数由2007年的0.1739~0.7184提高到2018年的0.6432~0.7874,其总体发展水平得到进一步提高,区域内部发展差异逐步降低,呈现整体向好的发展态势。

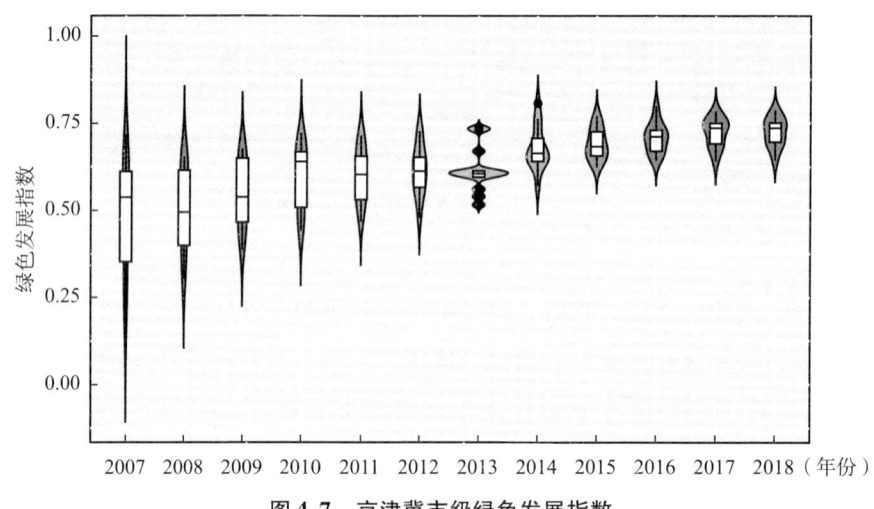

图4.7 京津冀市级绿色发展指数

秦皇岛、唐山、廊坊、衡水、邯郸的绿色发展指数波动上升,邢台略有下降,其他区域的绿色发展指数持续上升。从增长率看,张家口、衡水、沧州和石家庄等4个区域实现倍数级增长,分别提高了300.37%、198.72%、148.64%和112.59%,主要是由于4个地区绿色发展的初始水平较低,因此提升潜力较大引起的。承德、保定、邯郸、北京、天津和廊坊等6个区域也有一定幅度的提升，增长率分别是82.23%、41.28%、27.93%、27.59%、27.12%和22.87%。秦皇岛的增长率最低，为5.73%，这是由于秦皇岛绿色发展初始水平较高，后续发展略显乏力造成的。

（四）开放发展子系统

通过计算得到京津冀市级开放发展指数（见图4.8）。根据图4.8可以看出，市级开放发展指数由2007年的0.0592～0.5584变化为2018年的0.0917～0.3206，开放发展水平整体下降，但是区域差异在缩小。天津、廊坊、唐山和北京等4个区域的开放发展指数分别下降了74.39%、23.50%、13.88%和9.16%；邯郸、张家口、保定、石家庄、邢台、衡水、承德、沧州和秦皇岛等9个区域的开放发展指数总体上升，其中前三者翻倍增长，增长率分别为145.49%、136.49%和105.29%，其他地区的增长率依次为92.83%、89.25%、88.04%、59.38%、54.96%和16.10%。虽然增长的区域数量多于下降的区域数量，但天津开放发展指数由0.5584下降到0.1430，其较大的下降幅度导致开放发展子系统发展水平总体下降。

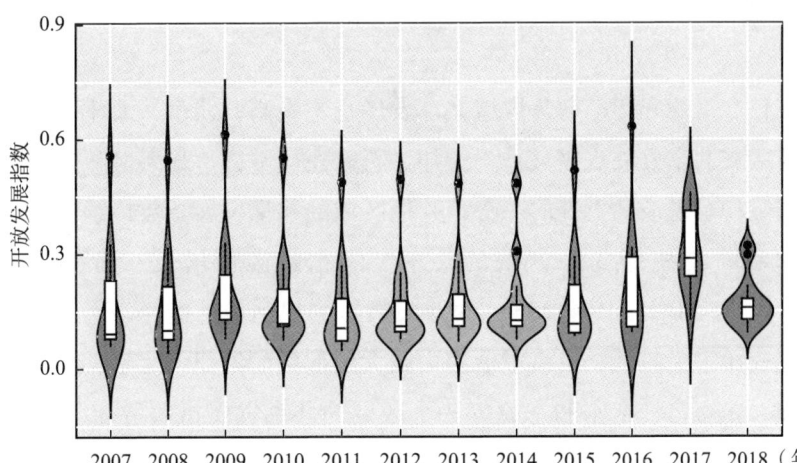

图4.8 京津冀市级开放发展指数

(五) 共享发展子系统

通过计算得到京津冀市级共享发展指数（见图4.9）。根据图4.9可以看出，京津冀地区市级共享发展指数由2007年的0.1246～0.6034提高到2018年的0.2121～0.8780，共享发展水平明显提高，区域内部差异略有增加。

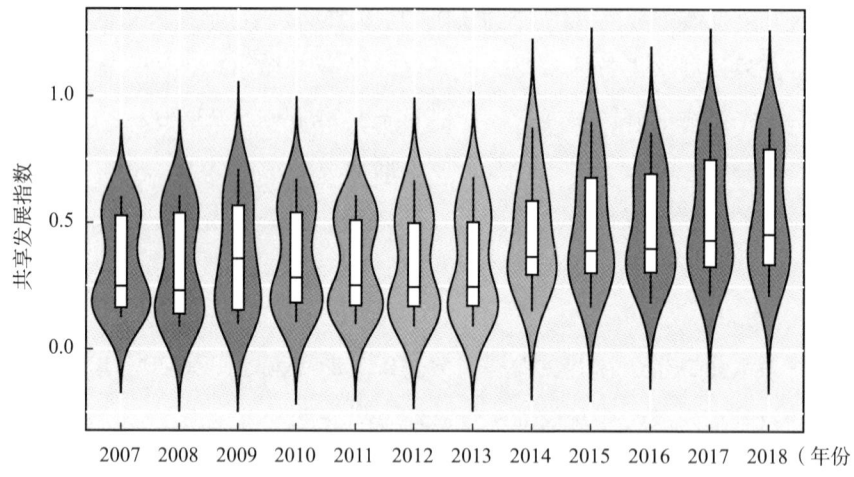

图4.9　京津冀市级共享发展指数

张家口、承德和秦皇岛等区域共享发展水平最高，北京、天津、唐山和石家庄等区域共享发展水平较低。天津、石家庄、承德、张家口和保定的共享发展指数均呈现波动上升的态势，其他区域的共享发展指数持续升高。唐山、邯郸和石家庄等3个区域的共享发展指数翻倍增长，分别增长了126.54%、112.50%和106.15%，共享发展水平得到显著提升，这也是由于共享发展初始水平较低，后续发展潜力较大引起的。沧州、北京、邢台、保定、天津、张家口、衡水和承德等8个区域的共享发展指数增加了50%～100%，分别增加了98.90%、93.24%、84.04%、72.97%、70.14%、59.87%、50.48%和50.29%，共享发展水平得到进一步提升。秦皇岛和廊坊的共享发展指数分别增加了39.42%和31.03%，共享发展水平小幅度提升。

第四节 微观尺度下经济高质量发展水平

根据前文研究方法，计算2018年京津冀县级经济高质量发展指数。2018年京津冀地区县级经济高质量发展指数在0.0321~0.7979之间，整体呈现"中心＞外围"的空间格局。县级创新发展指数在0.000007~0.8197之间，北京市的东城区、西城区、海淀区，以及天津市的滨海新区显著高于其他地区。县级协调发展指数在0.0673~0.7535之间，整体呈现"东南＞西北"的空间格局。县级绿色发展指数在0.1516~0.9681之间，该子系统发展水平较好，有利于经济高质量发展整体水平的提高。县级开放发展指数在0.0006~0.9904之间，北京的海淀区、昌平区、顺义区、通州区、石景山区、朝阳区，以及天津的滨海新区、宁河区明显高于其他地区。县级共享发展指数在0.0542~0.7342之间，呈现"外围＞中心"的空间格局。

第五节 主要障碍因子诊断

一、准则层障碍度分析

经济高质量发展受到创新发展、协调发展、绿色发展、开放发展和共享发展等各子系统的影响，需研究建立因子障碍度模型，测算分析5个子系统障碍度的变化情况，确定准则层的主要障碍因子。2007~2018年，各子系统的障碍度差异明显，按照大小排序依次为：创新发展＞协调发展＞开放发展＞共享发展＞绿色发展（见图4.10）。研究期内，3个子系统的障碍度是下降的，分别是创新发展、绿色发展和共享发展：创新发展的障碍度呈现波动下降趋势，从 41.70% 下降到 36.71%，在 4 个年份出现轻微回升，分别是 2009 年、2011 年、2015 年和 2016 年；绿色发展的障碍度同样波动下降，仅在 2013 年出现小幅回升，整体上从 2.55% 下降到 1.35%；共享发展的障碍度也是波动下降，从 13.19% 下降至 9.77%。研究期内，2 个子系统的障碍度是上升的，分别是协调发展和开放发展：协调发展的障碍度仅在 2011 年出现下降，其他年份持续上升，从 26.49% 上升至 32.18%；开放发展的障碍度从 16.06% 波动上升至 19.99%。

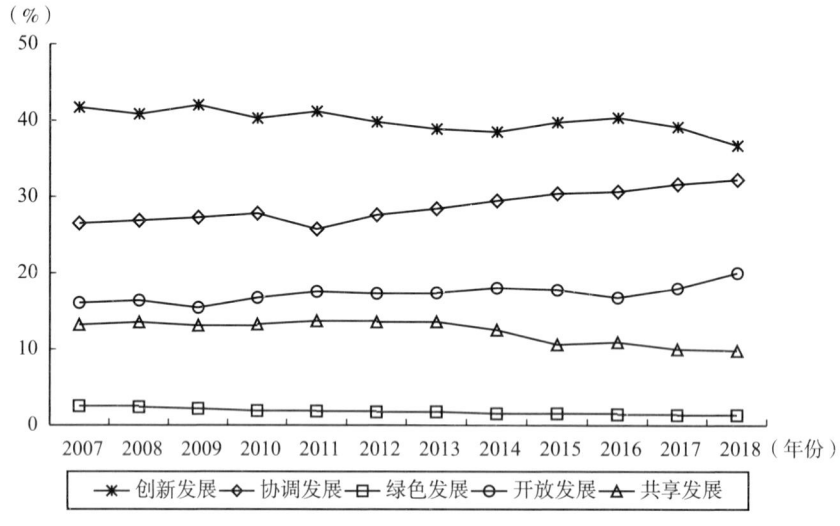

图 4.10 京津冀经济高质量发展子系统障碍度

二、指标层障碍因子

不同指标对于经济高质量发展的影响程度不同，采用因子障碍度模型可以测算得出 2007~2018 年研究区域经济高质量发展评价系统中各评价指标的障碍度，综合考虑排序和频次最终确定了 7 个主要障碍因子，它们的累计障碍度超过 90%，这可以为推进京津冀地区经济高质量发展提供参考（见表

4.4)。障碍度最高的是万人专利授权数（C1），研究期内呈现下降趋势，从31.29%（2007年）降低到23.82%（2018年）。之后依次是需求结构（C3）、区域结构（C5）、研发投入强度（C2）、外商投资比重（C9），这4个指标均呈现上升的变化趋势，其中，需求结构（C3）从15.46%（2007年）升高至17.61%（2018年），区域结构（C5）从10.66%（2007年）升高至14.02%（2018年），研发投入强度（C2）由10.42%（2007年）升高至12.89%（2018年），外商投资比重（C9）8.75%（2007年）升高到11.52%（2018年）。再者是劳动者报酬比重（C11），研究期内障碍度呈现降低趋势，从8.64%（2007年）降低到7.81%（2018年）。最后是金融发展程度（C10），研究期内呈现升高趋势，从7.31%（2007年）上升至8.47%（2018年）。

表4.4　　　　　　　　京津冀经济高质量发展主要障碍因子　　　　　　单位：%

年份	项目	指标排序						
		1	2	3	4	5	6	7
2007	指标层	C1	C3	C5	C2	C9	C11	C10
	统计值	31.29	15.46	10.66	10.42	8.75	8.64	7.31
2008	指标层	C1	C3	C5	C2	C9	C11	C10
	统计值	30.42	15.60	10.86	10.41	8.68	8.51	7.69
2009	指标层	C1	C3	C2	C5	C9	C11	C10
	统计值	30.61	15.81	11.40	11.02	9.14	8.36	6.29
2010	指标层	C1	C3	C5	C2	C9	C11	C10
	统计值	30.13	16.02	11.40	10.16	9.46	8.65	7.27
2011	指标层	C1	C3	C2	C5	C9	C11	C10
	统计值	29.47	15.71	11.70	9.65	9.61	9.01	7.92
2012	指标层	C1	C3	C2	C5	C9	C11	C10
	统计值	28.23	15.84	11.57	11.40	9.49	8.82	7.79

续表

年份	项目	指标排序						
		1	2	3	4	5	6	7
2013	指标层	C1	C3	C5	C2	C9	C11	C10
	统计值	27.60	16.02	11.76	11.28	9.51	8.76	7.84
2014	指标层	C1	C3	C5	C2	C11	C9	C10
	统计值	27.87	16.51	12.34	10.63	10.41	9.89	8.11
2015	指标层	C1	C3	C2	C5	C9	C11	C10
	统计值	26.50	16.92	13.24	12.85	9.68	8.50	8.06
2016	指标层	C1	C3	C2	C5	C11	C9	C10
	统计值	26.27	17.13	14.06	12.90	8.70	8.68	8.04
2017	指标层	C1	C3	C5	C2	C9	C11	C10
	统计值	26.16	17.47	13.55	12.97	9.95	8.09	8.00
2018	指标层	C1	C3	C5	C2	C9	C10	C11
	统计值	23.82	17.61	14.02	12.89	11.52	8.47	7.81

三、不同区域障碍因子

不同区域的主要障碍因子不尽相同（见表4.5）。2007年，万人专利授权数（C1）、研发投入强度（C2）、需求结构（C3）以及金融发展程度（C10）是京津冀13个区域的障碍因子。区域结构（C5）是12个区域（北京除外）的障碍因子。外商投资比重（C9）也是12个区域（天津除外）的障碍因子。劳动者报酬比重（C11）是11个区域（除承德、张家口之外）的障碍因子。2018年，研发投入强度（C2）、需求结构（C3）、区域结构（C5）、外商投资比重（C9）、金融发展程度（C10）是13个区域的障碍因子。万人专利授权数（C1）是12个区域的障碍因子，不再是北京的障碍因子。劳动者报酬比重（C11）是10个区域（除承德、张家口和秦皇岛之外）的障碍因子。

表 4.5　　　　　京津冀市级经济高质量发展主要障碍因子　　　　　单位：%

区域	项目	2007年 1	2	3	4	5	6	7	2018年 1	2	3	4	5	6	7
北京	指标层	C1	C3	C11	C9	C10	C2	C13	C3	C11	C9	C10	C5	C2	C8
	统计值	32.56	18.40	15.54	9.71	8.15	4.60	4.49	27.77	23.33	15.49	12.34	12.01	5.61	1.15
天津	指标层	C1	C3	C11	C2	C10	C5	C13	C3	C1	C11	C2	C9	C5	C10
	统计值	31.73	17.03	13.36	12.52	6.98	6.73	5.00	19.05	15.01	15.35	13.51	13.12	9.99	9.22
石家庄	指标层	C1	C2	C3	C5	C11	C9	C10	C1	C2	C3	C5	C9	C11	C10
	统计值	26.97	14.29	13.55	10.46	10.31	10.09	7.24	24.38	18.15	14.02	13.14	10.48	10.17	6.84
承德	指标层	C1	C2	C3	C5	C9	C10	C13	C1	C2	C3	C5	C9	C10	C13
	统计值	27.52	17.25	13.74	12.19	10.91	6.61	4.71	24.55	21.08	15.34	15.12	11.92	7.23	1.85
张家口	指标层	C1	C2	C3	C5	C9	C10	C13	C1	C2	C5	C3	C9	C10	C13
	统计值	26.76	18.12	13.09	12.45	10.11	6.40	4.93	28.16	21.12	15.30	14.57	10.53	6.07	1.72
秦皇岛	指标层	C1	C2	C3	C5	C9	C10	C11	C1	C2	C3	C5	C9	C10	C13
	统计值	29.24	19.32	14.79	11.45	7.90	7.32	3.94	26.55	20.93	15.90	15.05	8.35	8.09	2.64
唐山	指标层	C1	C2	C3	C11	C9	C5	C10	C1	C2	C3	C11	C5	C9	C10
	统计值	28.27	15.93	14.37	10.61	9.63	7.53	7.20	26.54	17.63	14.22	10.33	10.24	10.18	7.70
廊坊	指标层	C1	C2	C3	C5	C9	C10	C11	C1	C2	C3	C5	C9	C10	C11
	统计值	29.34	16.13	14.66	11.65	8.64	6.92	6.28	23.03	20.43	15.92	13.23	10.50	7.71	6.06
保定	指标层	C1	C2	C3	C5	C9	C11	C10	C1	C2	C3	C5	C9	C11	C10
	统计值	26.28	17.80	12.77	12.45	9.66	8.63	6.81	27.85	19.30	14.03	12.76	9.55	7.76	6.48
沧州	指标层	C1	C2	C3	C5	C9	C11	C10	C1	C2	C3	C5	C9	C11	C10
	统计值	26.38	16.88	13.32	10.61	9.82	8.37	7.09	27.91	17.89	13.77	12.87	10.26	7.43	7.41
衡水	指标层	C1	C2	C3	C5	C9	C10	C11	C1	C2	C5	C3	C9	C10	C11
	统计值	26.95	17.56	13.26	12.70	10.16	7.08	4.87	26.01	18.76	15.49	14.81	11.39	7.68	2.08
邢台	指标层	C1	C2	C3	C5	C9	C10	C11	C1	C2	C5	C3	C9	C10	C11
	统计值	27.02	17.59	13.32	12.68	9.58	7.08	6.92	26.54	19.95	15.07	13.86	10.00	6.63	4.85

续表

区域	项目	2007年							2018年						
		1	2	3	4	5	6	7	1	2	3	4	5	6	7
邯郸	指标层	C1	C2	C3	C5	C9	C11	C10	C1	C2	C5	C3	C9	C11	C10
	统计值	26.66	15.88	13.36	11.36	9.96	9.18	7.07	27.28	17.99	13.68	13.26	9.26	7.89	7.48

第六节 本章小结

本章围绕经济高质量发展的内涵，根据全面性、系统性、代表性、可得性等四个原则，从创新发展、协调发展、绿色发展、开放发展和共享发展等五个维度构建了京津冀地区经济高质量发展的评价指标体系，采用熵权 TOPSIS 法从"宏观－中观－微观"等不同尺度对京津冀 2007~2018 年的经济高质量发展水平开展了评价，分析了其时空变化规律，并采用因子障碍度模型测算了影响经济高质量发展主要障碍因子。主要结论如下：

（1）研究期内，京津冀地区经济高质量发展整体态势向好，但总体上仍处于较低水平。京津冀地区经济高质量发展指数由 0.2578 上升至 0.3517，共享发展、绿色发展和创新发展水平持续提高，协调发展和开放发展水平略有下降。各子系统的贡献率排序依次为：创新发展＞共享发展＞绿色发展＞开放发展＞协调发展。

（2）研究期内，京津冀市级经济高质量发展指数由 0.09~0.40（2007年）提高至 0.14~0.62（2018年）。各区域经济高质量发展趋势不尽相同。邢台、衡水、保定、北京、沧州、秦皇岛、廊坊、天津等 8 个区域持续提高，承德、张家口、邯郸、石家庄等 4 个区域波动上升，仅唐山下降幅度为 0.61%，是京津冀地区经济高质量发展指数唯一下降的地区。

（3）市级经济高质量发展呈现"中心＞外围"的空间格局，区域内部经济高质量发展水平差异大，发展并不均衡。尤其是北京和天津的经济高质量发展程度均远高于其他区域。

（4）2018年县级经济高质量发展指数在 0.0321~0.7979 之间，整体呈现"中心>外围"的空间格局。

（5）研究期内，京津冀地区经济高质量发展准则层障碍度大小排序依次为：创新发展>协调发展>开放发展>共享发展>绿色发展。主要障碍因子主要有7个，包括万人专利授权数、需求结构、区域结构、研发投入强度、外商投资比重、劳动者报酬比重、金融发展程度。

第五章

土地生态安全与经济高质量发展耦合机理实证研究

前文从"宏观–中观–微观"等多尺度对京津冀地区土地生态安全和经济高质量发展两个系统的发展水平进行了系统评价。土地生态安全与经济高质量发展两系统之间的内部组织状态与相互作用本质是复合系统不断由低级耦合向高阶耦合的发展。要实现区域土地生态安全与经济高质量发展的耦合协调发展，需要系统探究二者耦合协调的内在机理。土地生态安全与经济高质量发展两个系统，各自内部均存在众多要素，属于复杂系统，系统间、要素间、各要素内部因子之间的关系错综复杂，为二者耦合机理研究带来一定难度。基于此，本章采取实证检验的方式，定量分析两个系统的耦合机理。首先，建立了土地生态安全和经济高质量发展的 PVAR 模型，通过协整检验、Granger 因果关系检验和脉冲响应分析等经济学方法，从时间尺度分析两系统的交互响应关系；其次，利用双变量空间自相关模型，从空间尺度分析两系统的空间关联效应。通过深入研究经济高质量发展与土地生态安全两个系统之间的交互响应关系和空间关联效应，可以为下文两个系统耦合协调关系的分析提供理论依据。

第一节　基于时间尺度的耦合机理实证检验分析

由于经济高质量发展与土地生态安全两个系统之间的相互作用机制比较复杂，采用传统回归模型容易引起内生性和异方差的问题，导致结果不准确。PVAR 模型主要用于经济系统动态性研究，通过综合面板数据与 VAR 模型的优点，能够克服内生性和异方差的问题。此外，该模型可以分析变量之间的因果关系，同时预测随机扰动对变量的冲击效果。基于此，本书采用 PVAR 模型研究京津冀地区经济高质量发展与土地生态安全之间的交互响应关系，通过构建 PVAR 模型，运用单位根检验、协整检验、Granger 因果关系检验以及脉冲响应分析等经济学方法分析经济高质量发展与土地生态安全之间的相互影响过程及变化趋势。

一、模型设定与数据说明

（一）模型介绍

采用 PVAR 模型研究京津冀地区经济高质量发展与土地生态安全之间的交互响应关系。计算公式如公式（5.1）和公式（5.2）所示（刘琳轲等，2021）。

$$Y_n = \alpha_{it} + f_t + \sum_{t-1}^{n} \prod_{nt} Y_{i,t-n} + \mu_{it} \tag{5.1}$$

$$Y_{it} = \{LES, HED\} \tag{5.2}$$

公式中：Y_{it} 表示被解释变量；HED（经济高质量发展）和 LES（土地生态安全）均为被解释变量；i 表示地区；t 表示时间；n 表示滞后期数；α_{it} 表示了地区固定效应；f_t 表示了时间效应；$\prod_{nt} Y_{i,t-n}$ 表示待估系数矩阵；μ_{it} 表示服从独立同分布的误差项。

(二) 数据量化与处理

本书选择前文计算出来的 2007~2018 年京津冀土地生态安全指数和经济高质量发展指数进行计量分析。需要对原始数据，采用自然对数方法处理，从而消除或减轻异方差的影响，便于分析其经济意义。

(三) 模型参数设定

PVAR 模型需要选择最优滞后阶数，以此确保模型具有足够数目的滞后项以及自由度，既可以表征模型的动态特点，又不会产生过多的待估参数。由此，根据信息准则进行检验。设置滞后阶数分别为 1、2、3、4、5，计算 AIC、BIC 以及 HQIC 的信息准则值（见表 5.1）。将不同阶数下的信息准则值进行比较，参考标准为最小值，最终认定最优滞后阶数为 1 阶。

表 5.1　　　　　　　　　　最优滞后阶数检验

阶数	AIC	BIC	HQIC
1	-3.96962	-3.24929	-3.67697
2	-3.9421	-3.06829	-3.58757
3	-3.69766	-2.64257	-3.2709
4	-3.56758	-2.2943	-3.05573
5	-2.54992	-1.00809	-1.93748

二、面板数据的平稳性检验

(一) 单位根检验

不平稳的数据在进行回归分析时，会出现"伪回归"的现象，而得到不可信的统计信息结果，从而导致选择模型错误。因此模型估计前，数据需要通过平稳性检验，以此保证分析信息的可信度。如果数据是平稳的，就可以应用传统回归分析法；如果数据是不平稳的，就需要进行协整关系检验。

单位根检验是统计检验最常用的方法之一。考虑到单一检验方法容易带来偏差，本书拟选用两种统计检验方法。鉴于原始样本为短面板数据，参照已有研究（刘多，2020），本书选用 IPS 检验和 HT 检验，而非常用的 LLC 检验和 Fisher 检验，因为后两种检验方法多用于长面板数据。本书应用 Stata 15.1 软件执行相关命令，对土地生态安全指数（LES）和经济高质量发展指数（HED）进行平稳性检验。结果发现：原始数据没有通过平稳性检验，数据不平稳；但是经一阶差分处理后，原始数据的一阶差分数据均通过了平稳性检验，通过的是 1% 的显著性水平检验，满足同阶单整（见表5.2）。由此可见，土地生态安全指数（LES）和经济高质量发展指数（HED）为一阶单整数据。

表 5.2　　　　　　　　　面板数据的单位根检验结果

项目	变量	结果	IPS 检验	HT 检验	检验结论
水平值	lnLES	统计量	0.4596	0.3335	数据不平稳
		p 值	0.6771	0.0596	
	lnHED	统计量	0.3526	0.4320	数据不平稳
		p 值	0.6378	0.3502	
一阶差分值	DlnLES	统计量	-7.0049	-0.1701	数据平稳
		p 值	0.0000	0.0000	
	DlnHED	统计量	-5.0849	-0.2352	数据平稳
		p 值	0.0000	0.0000	

（二）协整检验

上文对土地生态安全与经济高质量发展耦合关系进行了定量分析，结果表明两个系统间存在动态的耦合关系。两系统之间动态耦合的前提是二者的关系具备长期性和稳定性的特征，且二者相互影响、相互作用。本书对经济高质量发展与土地生态安全两个子系统进行协整检验，如果通过了协整检验，就可以说明经济高质量发展与土地生态安全两个系统之间存在着长期稳定的均衡关系，二者可以动态联动发展。

单位根检验结果表明，土地生态安全指数（LES）和经济高质量发展指数（HED）为一阶单整数据，满足同阶单整，符合协整关系检验的基本条件。在此基础上对 $\ln LES$ 和 $\ln HED$ 之间可能存在的协整关系进行检验，考察土地生态安全与经济高质量发展之间是否存在长期稳定的均衡关系，二者是否可以动态联动发展。单一检验方法容易带来误差，本书选用两种方法进行协整检验，包括 Kao 检验方法和 Pedroni 检验方法，具体检验结果如表 5.3 所示。表 5.3 统计结果表明，采用 Kao 检验方法，得到的 ADF（augmented dickey-fuller）统计结果显示至少在 10% 显著性水平下显著，证明了具有长期稳定的均衡关系；采用 Pedroni 检验方法，得到的修正 PP（Phillips-Perron）统计结果以及 ADF 统计结果均通过了 1% 显著性水平，拒绝变量间不存在协整关系的原假设，结论证明了土地生态安全和经济高质量发展两个系统间存在协整关系。因此，综合以上两种检验结果，可以确定土地生态安全和经济高质量发展两个系统间具有长期稳定的均衡关系，二者可以动态联动发展。

表 5.3　　　　　　　　　面板数据的协整检验结果

检验方法	前提假设	统计结果	统计计量值	p 值
Kao 检验	没有协整关系	Modified Dickey-Fuller	0.0550	0.4781
		Dickey-Fuller	-2.3908	0.0084
		Augmented Dickey-Fuller	1.2966	0.0974
		Unadjusted modified Dickey-Fuller	-1.4904	0.0681
		Unadjusted Dickey-Fuller	-3.3951	0.0003
Pedroni 检验		Modified Phillips-Perron	0.9357	0.1747
		Phillips-Perron	-4.0997	0.0000
		Augmented Dickey-Fuller	-5.5907	0.0000

三、实证结果分析

（一）土地生态安全与经济高质量发展的 Granger 因果关系

由协整检验可知，土地生态安全与经济高质量发展之间存在长期的、均衡的稳定关系。一般用 Granger 因果关系检验来确定事情发生的先后顺序，可以分析土地生态安全与经济高质量发展之间是否存在相互影响的因果关系。在已知土地生态安全与经济高质量发展之间存在长期的、均衡的稳定关系基础之上，通过 Granger 因果关系检验，可以分析经济高质量发展与土地生态安全之间的关系是否存在相互作用、相互影响的因果关系。

根据 Granger 因果关系检验结果（见表 5.4）可知：从经济高质量发展对土地生态安全的 Granger 因果关系来看，p 值为 0.4149，F 值落在接受域，接受原假设，拒绝备择假设，说明经济高质量发展的平稳序列不能够引起土地生态安全的平稳变换，即经济高质量发展不是土地生态安全的 Granger 原因，说明经济高质量发展对土地生态安全影响有限，不是推动土地生态安全水平提升的主要原因，这可能是由于经济高质量发展对于土地生态安全的动力作用，并没有通过源头控制、经济基础和制度供给等三个方面充分体现；从土地生态安全对经济高质量发展的 Granger 因果关系来看，p 值为 0.0133，小于 0.05，因此 F 值落在拒绝域，说明拒绝了原来的假设，接受了备择选择，因此土地生态安全的平稳序列能够引起经济高质量发展的平稳变换，即土地生态安全是经济高质量发展的 Granger 原因，说明土地生态安全水平的提升推动了经济高质量发展。

表 5.4　　　　　　　　Granger 因果关系检验结果

原假设	F 统计量	p 值	是或否
经济高质量发展不是土地生态安全的 Granger 原因	−0.8153	0.4149	是
土地生态安全不是经济高质量发展的 Granger 原因	2.4768	0.0133	否

(二) 土地生态安全与经济高质量发展相互影响过程及趋势

Granger 因果关系检验仅能检验 Granger 原因，不能明确二者具体影响方向和影响程度。脉冲响应函数能够在扰动项上添加一个标准差大小的冲击，通过观察其对内生变量的当前值和未来值的影响轨迹，来判断一个变量如何对其他变量的冲击做出反应，可以直观地展现不同变量之间的动态交互效应。应用 Stata 15.1 软件对土地生态安全与经济高质量发展两个系统进行脉冲响应分析，进行蒙特卡罗模拟探寻未来 6 年京津冀不同地区土地生态安全与经济高质量发展两个系统之间动态交互作用和响应趋势，结果如图 5.1 所示。

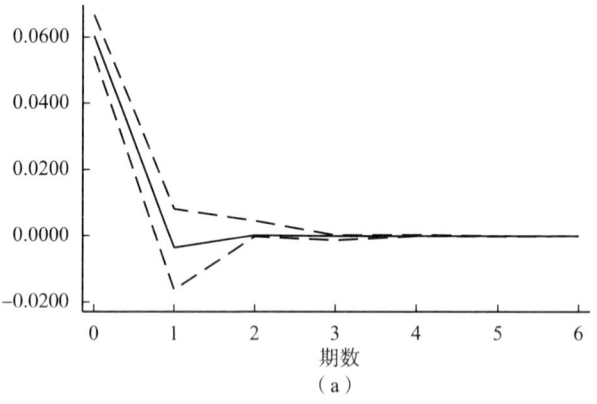

(a)

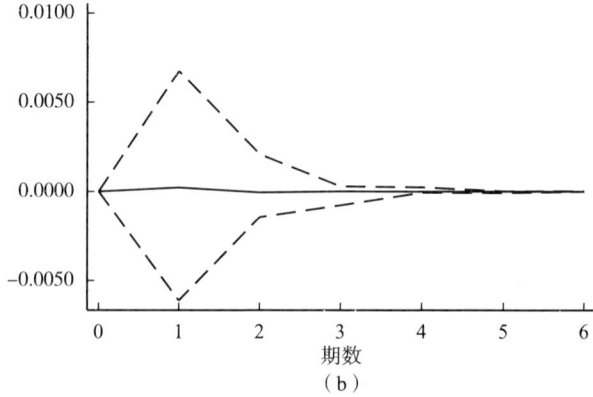

(b)

第五章 | 土地生态安全与经济高质量发展耦合机理实证研究

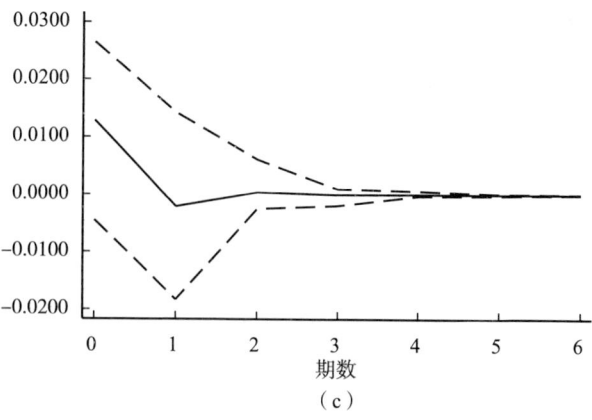

(c)

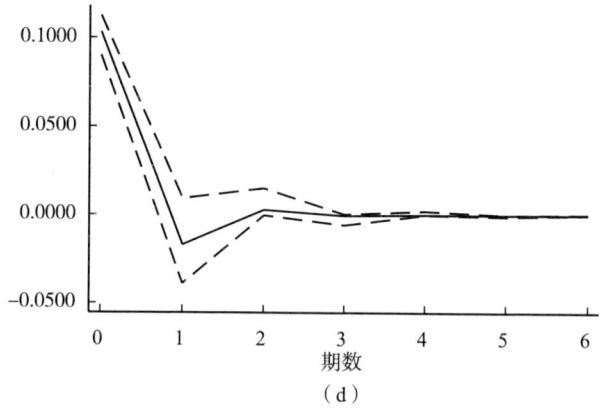

(d)

图 5.1 京津冀两系统脉冲响应分析结果

注：图 a 是指土地生态安全对自身冲击的响应；图 b 是指土地生态安全对经济高质量发展冲击的响应；图 c 是指经济高质量发展对土地生态安全冲击的响应；图 d 是指经济高质量发展对自身冲击的响应。

京津冀地区土地生态安全对于自身的冲击，表现出先上升后下降的趋势，最大值在第 1 期，大约 2 期以后稳定（见图 5.1a）。这说明京津冀土地生态安全表现出自我增强的特点，并随着时间的推移而逐渐降低。因此，在土地生态安全水平提升的过程中，需要注重发挥自我增强机制，同时要采取相应措施避免自我增强机制的减弱。

京津冀地区土地生态安全对于经济高质量发展带来的冲击，表现出正向

87

波动，但是变化幅度较为微小，最大值出现在第 1 期，大约 2 期后稳定（见图 5.1b）。这说明经济高质量发展对于土地生态安全虽然具有一定的正向带动作用，但是效果并不明显，经济高质量发展对于土地生态安全的动力作用并没有充分发挥。这可能是由于两方面原因造成的：一是源头控制、经济基础和制度供给等三方面作用不能得到体现；二是区域内部发展差异大，空间集聚效应差，没有形成整体效应。

京津冀地区经济高质量发展对于土地生态安全带来的冲击，表现出先上升后下降的趋势，最大值在第 1 期，大约 3 期以后稳定（见图 5.1c）。这说明土地生态安全对于经济高质量发展存在明显的支持作用，但是这种作用随着时间的推移而逐渐降低。因此在京津冀地区，应注重率先提高土地生态安全水平，通过提供粮食安全保障、高品质生产要素、生态财富增值载体等支持作用，推动经济高质量发展。

京津冀地区经济高质量发展对于自身的冲击，表现出先上升后下降的趋势，最大值同样出现在第 1 期，大约 3 期以后稳定（见图 5.1d）。这同样说明京津冀经济高质量发展表现出自我增强的特点，并随着时间的推移而逐渐降低。因此，在推动经济高质量发展的过程中，同样需要注重发挥自我增强机制，必要时采取相应措施避免自我增强机制的减弱。

第二节　基于空间尺度的耦合机理实证检验分析

上文从时间尺度分析了土地生态安全与经济高质量发展两系统的交互响应，但是耦合协调机理不仅需要时间尺度的验证，更需要空间尺度的验证。从空间尺度看，二者的耦合协调应该表现在空间分布的相似性。首先，对土地生态安全和经济高质量发展两个系统开展全局空间自相关分析和局部空间自相关分析，探究其各自的空间关联关系；其次，应用双变量空间自相关模型，从空间尺度对土地生态安全与经济高质量发展的耦合机理进行实证检验。

一、模型设定和说明

（一）全局空间自相关分析

空间自相关是空间统计分析的基本概念，常用于指征相邻空间位置观测数值的相似程度。在全局空间自相关分析中，一般用全局 Moran's I 表示统计结果，它具体是指观测值与其空间滞后的相关系数。如果 Moran's I 高于 1，则说明变量存在空间正相关关系，Moran's I 越高表示空间相关性越强；如果 Moran's I 低于 1，这说明变量之间存在空间负相关性，Moran's I 越低则表示空间差异越大；当接近于 0，则表明不存在空间自相关关系。具体计算公式如公式（5.3）所示（刘多，2020）。

$$\text{Moran's I} = \frac{n\left[\sum_{i=1}^{n}\sum_{j=1}^{n}w_{ij}(x_i - \bar{x})(x_j - \bar{x})\right]}{\sum_{i=1}^{n}\sum_{j=1}^{n}w_{ij} \times \sum_{i=1}^{n}(x_i - \bar{x})^2} \tag{5.3}$$

公式中：n 表示研究空间评价单元的总数；x_i 和 x_j 分别表示目标向量在第 i 和第 j 个空间评价单元上的观测值；$\bar{x} = \frac{1}{n}\sum_{i=1}^{n}x_i$ 代表了变量 x 的平均值；w_{ij} 代表了空间权重矩阵 W 的一个元素。

（二）局部空间自相关分析

全局 Moran's I 重点反映的是空间整体的相邻关联程度，对于局部区域的相关程度体现不足。因此本书采用 Local Moran's I，考察局部空间自相关对全局的贡献。具体计算公式如公式（5.4）所示（刘多，2020）。

$$\text{Local Moran's I} = \frac{(x_i - \bar{x})}{\sigma^2}\sum_{j=1, j \neq i}^{n}w_{ij}(x_j - \bar{x}) \tag{5.4}$$

公式中：σ^2 是观测值的方差。当 Local Moran's I 为正时，表示区域的高（低）值被高（低）值包围；当 Local Moran's I 为负时，表示区域的高（低）值被低（高）值包围。

（三）双变量空间自相关模型

双变量空间自相关模型用于衡量一个地理单元上某种特定地理属性值或地理现象和相邻地理单元上的另一相关地理属性值或地理现象两者之间的相关程度。为了研究京津冀地区经济高质量发展与土地生态安全耦合机理在空间上的表现，本章通过双变量全局空间自相关模型，通过双变量全局 Moran 指数考察土地生态安全与经济高质量发展的空间关联程度，具体计算公式如公式（5.5）和公式（5.6）所示（时浩楠，2019）。

$$\text{Moran's I} = \frac{n \sum_{i=1}^{n} \sum_{j \neq 1}^{n} w_{ij}(x_i^a - \bar{x}_a)(x_j^b - \bar{x}_b)}{\sum_{i=1}^{n} \sum_{j=1}^{n} w_{ij} \sum_{i=1}^{n} (x_i^a - \bar{x}_a)(x_j^b - \bar{x}_b)} \quad (5.5)$$

$$\text{Local Moran's I} = \frac{x_i^a - \bar{x}_a}{\delta_a} \sum_{j=1}^{n} w_{ij} \frac{x_j^b - \bar{x}_b}{\delta_b} \quad (5.6)$$

公式中：Moran's I 是指双变量全局 Moran 指数；Local Moran's I 是指双变量局部 Moran 指数；n 表示研究空间评价单元的总数；x_i^a 是指在第 i 个空间评价单元上的 a 属性值；x_j^b 是指在第 j 个空间评价单元上的 b 属性值；$\bar{x}_a$ 是指 a 属性的平均值；$\bar{x}_b$ 是指 b 属性的平均值；δ_a 是指 a 属性值的方差；δ_b 是指 b 属性值的方差；w_{ij} 代表空间评价单元 i 和 j 的空间权重矩阵。

二、土地生态安全的空间自相关性

运用 ArcGis 软件，选取 2018 年京津冀县级土地生态安全指数为变量，开展全局空间自相关分析和局部空间自相关分析。全局空间自相关分析结果表明：Moran's I 系数是 0.588，p 值是 0.0010，z 得分是 14.0032，这说明京津冀地区土地生态安全水平从空间上看并不是随机分布，其存在空间相关性，是显著正相关关系，即某一地区土地生态安全水平受本地区影响，也受周边地区的影响。

通过开展局部空间自相关分析，京津冀地区土地生态安全水平局部区域自相关存在显著的区域差异。"低－低"型（LL）聚集区最多，共计35个县（区、市），主要分布在邯郸市、邢台市、保定市、张家口市、沧州市、衡水市、唐山市；"高－高"型（HH）集聚区较多，主要分布北京西北部，承德市，保定的涞水县，张家口的怀来县和赤城县，共计26个县（区、市）；"高－低"型（HL）集聚区有2个，分别是张家口的崇礼区和尚义县；"低－高"型（LH）集聚区仅有1个，是涿州市，位于河北保定。这表明了土地生态安全在较高水平和较低水平的地区容易集聚。

三、经济高质量发展的空间自相关性

运用ArcGis软件，选取2018年京津冀县级经济高质量发展指数为变量，开展全局空间自相关分析和局部空间自相关分析。全局空间自相关分析结果表明：Moran's I系数是0.527，p值是0.0010，z得分是12.4134，这说明京津冀地区经济高质量发展水平从空间上看并不是随机分布，其存在空间相关性，是显著正相关关系，即某一地区经济高质量发展程度受本地区影响，也受周边地区的影响。

通过开展局部空间自相关分析，京津冀地区经济高质量发展程度局部区域自相关存在显著的区域差异。"低－低"型（LL）聚集区最多，有49个，主要分布在石家庄市、邯郸市、邢台市和保定市；"高－高"型（HH）集聚区较多，有14个，分别是北京的东城区、西城区、朝阳区、石景山区、海淀区、门头沟区、通州区、顺义区、昌平区、大兴区、怀柔区、延庆区，以及天津的东丽区、武清区，共计13个县（区、市）；"低－高"型（LH）聚集区仅有4个，分别是北京的丰台区和密云区，张家口的怀来县，廊坊市的三河市。这表明了经济高质量发展程度在较高水平和较低水平的地区容易集聚。

四、双变量的空间关联性

应用 GeoDa 软件开展京津冀土地生态安全与经济高质量发展的双变量空间自相关分析，研究结果表明，土地生态安全与经济高质量发展二者之间的 Moran's I 为 0.440，p 值是 0.0010，Z 得分是 12.3960。Moran's I 指数为正，且具有极其显著的统计学差异，说明京津冀地区土地生态安全与经济高质量发展之间存在明显的空间正向关联性，即土地生态安全水平较高的地区往往具有较高的经济高质量发展程度。而经济高质量发展程度较低的地区往往会具有较低的土地生态安全水平。而 Moran's I 为 0.440，表明二者的空间正相关关系较强，空间集聚程度也较高。

通过开展双变量局部空间自相关模型分析，京津冀地区经济高质量发展与土地生态安全的空间关联存在显著空间差异，一共存在 4 类显著的空间集聚类型。"低 – 低"型（LL）聚集区有 38 个，主要分布在石家庄市、邯郸市、邢台市、保定市；"高 – 高"型（HH）集聚区较多，有 15 个，主要分布在北京的东城区、西城区、朝阳区、丰台区、石景山区、海淀区、门头沟区、通州区、顺义区、昌平区、大兴区、怀柔区、密云区、延庆区，以及张家口的怀来县；"高 – 低"型（HL）聚集区有 11 个，主要分布在石家庄市的藁城区、井陉县、高邑县、深泽县、赞皇县、无极县、元氏县、赵县、新乐市，邢台市的内丘县，保定市的阜平县；"低 – 高"型（LH）聚集区有 3 个，分别是天津市的东丽区和武清区，以及廊坊市的三河市。

第三节　本章小结

本章在时间尺度上利用 PVAR 模型的单位根检验、协整检验、Granger 因果关系检验、脉冲响应函数等动态经济学方法对土地生态安全和经济高质量发展的耦合机理进行了实证检验分析，在空间尺度上利用双变量全局空间自相关模型，对土地生态安全和经济高质量发展的耦合机理进行了实证检验分析，弥补了以往对耦合机理研究的不足，可以为分析两个系统之间的耦合协调关系提供理论依据。主要研究结论如下：

（1）土地生态安全与经济高质量发展均为一阶单整序列，通过协整关系检验，表明土地生态安全和经济高质量发展两个系统间具有长期稳定的均衡关系，二者可以动态联动发展。

（2）土地生态安全对于经济高质量发展存在明显的支持作用，而经济高质量发展对于土地生态安全正向带动作用有限。Granger因果关系检验表明，经济高质量发展不是土地生态安全的Granger原因，说明经济高质量发展对土地生态安全影响有限，不是拉动土地生态安全水平提升的主要原因，土地生态安全是经济高质量发展的Granger原因，说明土地生态安全水平的提升推动了高质量的发展。脉冲响应分析直观展示了土地生态安全与经济高质量发展的相互影响程度和变化趋势，土地生态安全和经济高质量发展均具有自我增强机制，并且对自身影响逐步下降，经济高质量发展对于土地生态安全虽然具有一定的正向带动作用，但是效果并不明显，土地生态安全对于经济高质量发展存在明显的支持作用，但是这种作用随着时间的推移而逐渐降低。

（3）京津冀地区土地生态安全与经济高质量发展存在明显的空间正相关关系。京津冀地区土地生态安全存在显著的空间正相关性，存在4类空间集聚类型，以"低–低"型聚集区和"高–高"型集聚区为主。京津冀地区经济高质量发展存在显著的空间正相关性，存在3类空间集聚类型，以"低–低"型聚集区和"高–高"型集聚区为主。京津冀地区土地生态安全与经济高质量发展存在显著的空间正相关性，存在4类空间集聚类型，占比从高到低依次为"低–低"型聚集区、"高–高"型集聚区、"高–低"型聚集区和"低–高"型集聚区。

第六章
土地生态安全与经济高质量发展耦合协调关系测算研究

经济高质量发展和土地生态安全两系统之间要实现耦合协调，才能发挥合力，而耦合度和协调度正是对二者之间协调作用程度的科学度量。本章运用耦合协调度模型和离差协调度模型测算并分析京津冀地区的耦合度和协调度的时空变化趋势，在此基础上进一步分析经济高质量发展和土地生态安全之间的协调关系和作用强度，为下一步明确区域的发展路径提供借鉴和参考。

第一节 协调模型构建

一、耦合协调度模型

耦合度是指描述多个不同要素或者系统之间相互作用或者相互影响的程度。本书应用耦合度模型分析土地生态安全和经济高质量发展之间的耦合关系。计算公式如公式（6.1）所示（谢赤等，2020）。

$$C = 2 \times \sqrt{(U_{LES} \times U_{HED})/(U_{LES} + U_{HED})^2} \quad (6.1)$$

公式中：U_{LES}、U_{HED} 分别表示土地生态安全指数和经济高质量发展指数；C 代表耦合度，取值一般在 0~1 之间。根据计算得出的耦合度划分耦合阶段，耦合阶段的划分标准如表 6.1 所示。

表 6.1　经济高质量发展与土地生态安全耦合阶段的划分标准

编号	耦合度	耦合阶段
Ⅰ	0~0.3	低耦合
Ⅱ	0.3~0.5	拮抗
Ⅲ	0.5~0.8	磨合
Ⅳ	0.8~1.0	高耦合

耦合度模型虽然可以反映出不同系统之间的相互影响、相互作用程度，但如果不同系统全部处于较低水平时，那么也有可能出现高耦合情况。因此需要引入协调度模型，以便分析土地生态安全与经济高质量发展的协调程度。本书参考谢赤等（2020）、王莎（2020）、韩琭等（2021）的研究，引入耦合协调度模型，用来描述不同系统或要素相互平衡、相互协调程度，取值在 0~1 之间。计算如公式（6.2）和公式（6.3）所示。

$$T = aU_{LES} + bU_{HED} \tag{6.2}$$

$$D = \sqrt{C \times T} \tag{6.3}$$

公式中：U_{LES}、U_{HED} 分别表示土地生态安全指数和经济高质量发展指数；C 表示耦合度；T 表示土地生态安全与经济高质量发展的综合发展系数；a、b 表示特定权重，由于土地生态安全与经济高质量发展同等重要，因此取 $a = b = 0.5$；D 表示耦合协调度。

二、离差协调度模型

离差协调度模型和耦合协调度模型同属于静态协调度模型。离差系数是一组数的标准差与平均数的比值,表示数据离散程度,属于距离协调模型。离差系数越小,表明系统差距越小,协调度系数越高,系统间协调程度较好;离差系数越大,表明系统间差距越大,协调度系数越低,系统间发展协调性较差(任栋等,2021)。

$$C' = (U_{LES}^2 + U_{HED}^2)/(U_{LES} + U_{HED})^2 \quad (6.4)$$

$$T = aU_{LES} + bU_{HED} \quad (6.5)$$

$$D' = \sqrt{C' \times T} \quad (6.6)$$

公式中:U_{LES}、U_{HED}分别表示土地生态安全指数和经济高质量发展指数;C'表示协调度系数;T表示土地生态安全与经济高质量发展的综合发展系数;a、b表示特定权重,由于土地生态安全与经济高质量发展同等重要,因此取$a = b = 0.5$;D'表示离差协调度。

三、协调关系划分标准

本书利用耦合协调模型、离差协调模型等两种不同原理协调模型进行综合评价,对京津冀地区经济高质量发展与土地生态安全作出相对完整的系统性综合评价。根据计算得出的协调度,划分经济高质量发展与土地生态安全的耦合关系,耦合关系可以划定为协调和失调2个大类,高度协调、基本协调、濒临协调和失调衰退等4个小类,最终划定10个种类的协调关系,协调关系的划分标准如表6.2所示。

表6.2　　经济高质量发展与土地生态安全协调关系的划分标准

编号	协调度	协调关系	协调程度	
A	0.00~0.10	极度失调	失调衰退	失调
B	0.10~0.20	严重失调		
C	0.20~0.30	中度失调		
D	0.30~0.40	轻度失调	濒临协调	
E	0.40~0.50	濒临失调		

续表

编号	协调度	协调关系	协调程度	
F	0.50~0.60	勉强协调	基本协调	协调
G	0.60~0.70	初级协调		
H	0.70~0.80	中级协调		
I	0.80~0.90	良好协调	高度协调	
J	0.90~1.00	优质协调		

第二节 耦合度结果分析

一、宏观尺度下耦合度结果分析

通过对2007~2018年京津冀地区的整体耦合度进行计算，可以得到京津冀土地生态安全与经济高质量发展耦合度的时间变化趋势（见表6.3和图6.1）。研究结果表明，从2007年的0.9898上升至2018年的0.9994，京津冀耦合度呈波动增加态势，整体处于高耦合阶段。当前学者聚焦于经济高质量发展与土地生态安全耦合度的研究并不多见，前人研究大多集中于经济发展与土地生态安全的关系测算。张坤等（2021）、周颖等（2021）的研究表明长株潭、长三角地区存在两个系统之间耦合度波动上升，总体处于高耦合阶段，这与本书对京津冀地区的研究结论类似。但是姚飞等（2019）、肖红燕等（2021）和张焱文等（2021）对河南省、广东省和贵州省毕节市的研究发现，两系统的耦合度虽然发展趋势波动上升，但是发展水平并不完全一致，低水平、中等水平和高水平均有。这说明两个系统在不同地区之间的耦合度不完全一致，相互之间的强弱关系有所不同。

表 6.3 京津冀两系统耦合度

年份	耦合度	耦合阶段
2007	0.9898	高耦合
2008	0.9908	高耦合
2009	0.9956	高耦合
2010	0.9940	高耦合
2011	0.9967	高耦合
2012	0.9986	高耦合
2013	0.9988	高耦合
2014	0.9977	高耦合
2015	0.9984	高耦合
2016	0.9988	高耦合
2017	0.9992	高耦合
2018	0.9994	高耦合

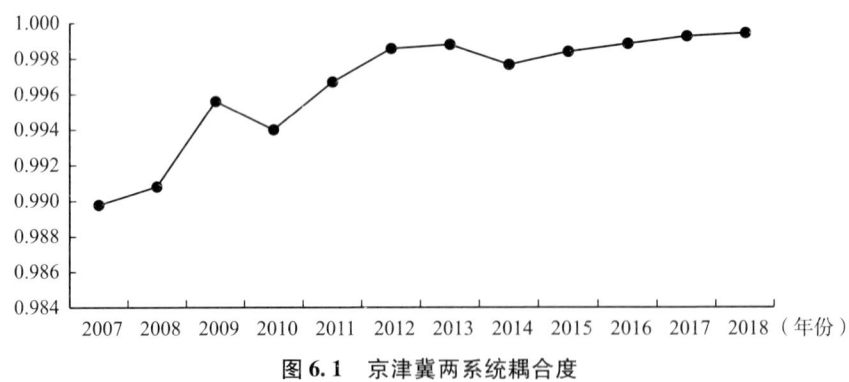

图 6.1 京津冀两系统耦合度

二、中观尺度下耦合度结果分析

通过对京津冀市级耦合度进行计算，可以得到京津冀各区域土地生态安全与经济高质量发展耦合度的时间变化趋势（见图6.2）。整体上看，京津冀市级耦合度较高，均在0.92~1.00之间，表明均处于高耦合阶段。但是耦合协调理论认为，当不同的系统全部处于较低水平时，也可能出现高耦合阶段。因此，下一步应计算京津冀两系统的协调度，分析两系统之间的相互平衡和协调程度。

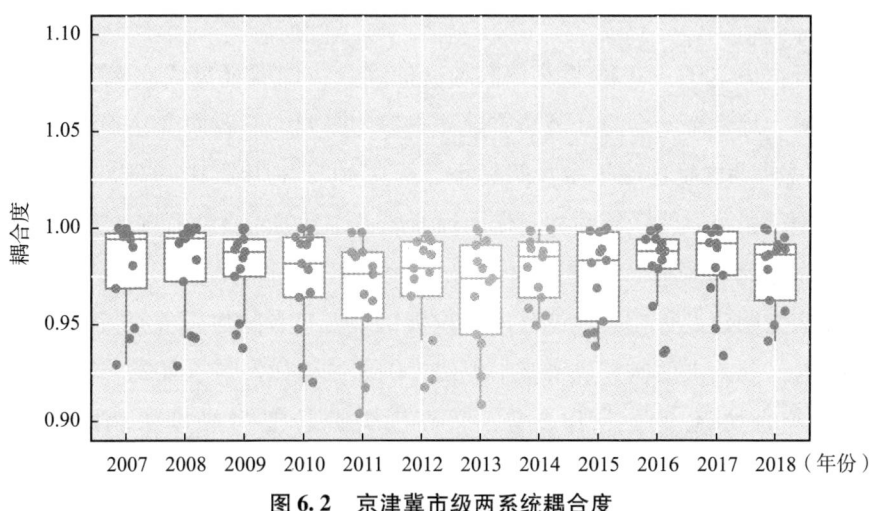

图6.2 京津冀市级两系统耦合度

三、微观尺度下耦合度结果分析

通过对2018年京津冀县级耦合度进行计算，可以发现，2018年京津冀地区县级耦合度在0.72~1.00之间，个别地区处于磨合阶段，多数地区处于高耦合阶段。其中，石家庄市的无极县、平山县、赞皇县、灵寿县、井陉县，承德市的隆化县、宽城满族自治县、丰宁满族自治县、兴隆县，以及北京市的房山区、保定市的涞水县，共计11个县（区、市）的耦合关系处于磨合阶段，其他地区均处于高耦合阶段。

第三节 协调度结果分析

一、宏观尺度下协调度结果分析

计算得出 2007~2018 年京津冀地区的综合协调度（见表 6.4），绘制得出京津冀土地生态安全与经济高质量发展综合协调度的时间变化趋势图（见图 6.3）。协调度呈现逐年增长的趋势，从 0.4059 上升至 0.4978，一直处于濒临失调阶段，表明系统间相互作用逐渐加强，且朝着良好有序的方向发展。这也是京津冀地区不断调整产业结构、转变经济增长方式，重视科技创新，加快生态文明建设等相关政策落地的积极结果。二者的协调关系持续好转的发展态势，与前人的研究成果基本类似，例如，何如海等（2020）研究发现安徽省耦合协调度呈上升趋势，从高度失调转变为极度协调，张坤等（2021）研究发现长株潭耦合协调度持续上升，后雪峰等（2020）研究发现揭阳市耦合协调度呈上升趋势，由轻度失调转化为弱度协调，张焱文等（2021）研究发现广东耦合度由中度失调转化为中度协调，肖红燕等（2021）对贵州省毕节市的研究表明其耦合协调度持续上升，协调关系由中度协调转化为良好协调。

表 6.4　　　　　　　　　　京津冀两系统协调度

年份	协调度	协调关系
2007	0.4059	濒临失调
2008	0.4129	濒临失调
2009	0.4196	濒临失调
2010	0.4294	濒临失调
2011	0.4294	濒临失调

续表

年份	协调度	协调关系
2012	0.4311	濒临失调
2013	0.4426	濒临失调
2014	0.4544	濒临失调
2015	0.4634	濒临失调
2016	0.4685	濒临失调
2017	0.4833	濒临失调
2018	0.4978	濒临失调

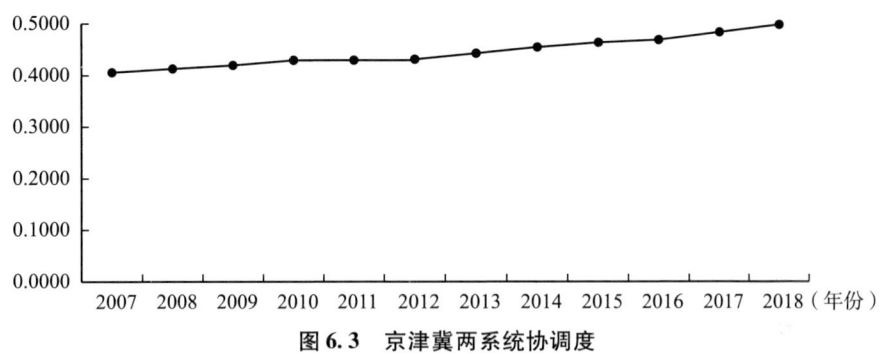

图 6.3 京津冀两系统协调度

二、中观尺度下协调度结果分析

2007~2018 年，京津冀地区两系统市级协调度在 0.2301~0.7209 之间，从 0.2301~0.5310（2007 年）提高至 0.3566~0.7209（2018 年），表现出持续改善的趋势（见图 6.4）。最低值出现在 2007 年的保定市，说明其土地生态安全与经济高质量发展的协调程度较低，最高值出现在 2018 年的北京市，说明其土地生态安全与经济高质量发展的协调程度较高。全部 156 个样本中，处于 0.3~0.4 之间的最多，有 98 个，占 62.82%，处于轻度失调关系；处于

0.4~0.5之间的有35个,占22.43%,处于濒临失调关系;再者是处于0.5~0.6和0.6~0.7之间,均有10个,各占6.41%,分别处于勉强协调和初级协调关系;处于0.8~0.9之间最少,只有2个,占1.28%,处于中级协调关系;处于0.2~0.3之间最少,仅有1个,占比0.64%,处于中度失调关系。综上可知,京津冀两系统市级协调关系多为轻度失调和濒临失调关系,说明二者之间的协调性较差。

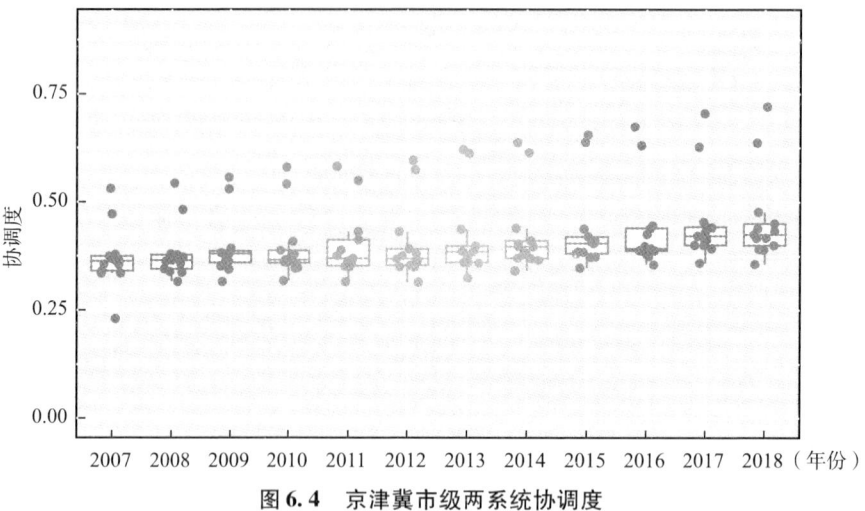

图6.4 京津冀市级两系统协调度

具体看,北京的协调度由0.5310逐年增加至0.7209,由勉强协调变化为中级协调,其土地生态安全与经济高质量发展协调性最好。天津的协调度由0.4724增加至0.6365,从濒临失调提高至初级协调。石家庄、秦皇岛、张家口、承德、唐山、廊坊、衡水、邢台等8个区域从轻度失调提高至濒临失调,虽然有轻微的改善,但还是处于失调关系。保定从中度失调提高至轻度失调。沧州和邯郸的协调度虽然有所提高,但一直处于轻度失调关系。2007年、2010年、2015年和2018年四年间,整体呈现"中心>外围"的空间格局。

三、微观尺度下协调度结果分析

根据前文研究方法，计算 2018 年京津冀经济高质量发展与土地生态安全的县级协调度，明确其协调关系。2018 年京津冀地区两系统的县级协调度在 0.1922~0.6268 之间，协调关系包括勉强协调、初级协调、濒临失调、轻度失调、中度失调、严重失调六种，多处于失调关系。其中，北京海淀区协调度最高，为 0.6268，处于初级协调；北京市西城区、昌平区、东城区、顺义区、朝阳区、石景山区等 6 区处于勉强协调；其他县（区、市）均处于失调关系，邢台的桥西区、保定的曲阳市、邯郸的涉县和峰峰矿区协调度最低，均处于严重失调关系。

运用 ArcGiS 10.2 软件，选取 2018 年京津冀两系统的县级协调度为变量，开展全局空间自相关分析和局部空间自相关分析。全局空间自相关分析结果表明：Moran's I 系数是 0.7026，p 值是 0.0000，Z 得分是 17.1531，这说明京津冀地区两系统协调度从空间上看并不是随机分布，其存在空间相关性，是显著正相关关系。更进一步开展局部空间自相关分析，"高－高"（HH）型集聚区较多，全部分布在北京，共计 16 个县（区、市），这表明了协调度较高的城市在空间上更易聚集。

第四节 本章小结

本章引入耦合协调度和离差协调度模型，从"宏观－中观－微观"等多尺度分别测算了 2007~2018 年京津冀土地生态安全与经济高质量发展两系统之间的耦合度、协调度，明确了研究区两系统之间的耦合阶段和协调关系，分析了其时间变化趋势和空间格局。主要研究结论如下：

（1）随着研究尺度的深入，耦合阶段的空间异质性特征明显。两系统整体耦合度呈波动增加的趋势，从 0.9898（2007 年）上升至 0.9994（2018

年）处于高耦合阶段。市级耦合度均在 0.92~1.00 之间，均处于高耦合阶段。2018 年县级耦合度在 0.7273~1.0000 之间，多数地区处于高耦合阶段，少数地区处于磨合阶段。

（2）研究期内，京津冀地区两系统整体协调关系逐渐好转，协调度从 2007 年的 0.4059（2007 年）升高至 2018 年的 0.4978（2018 年），表明两个系统之间的相互作用逐渐加强，且朝着良好有序的方向发展。土地生态安全与经济高质量发展两系统处于濒临失调关系，与优质协调还存在差距，还有较大的提升空间。

（3）研究期内，两系统市级协调关系持续改善，市级协调度从 0.2301~0.5310（2007 年）提高至 0.3566~0.7209（2018 年）。两系统多处于轻度失调和濒临失调关系，协调关系有待于进一步提升。协调关系在空间上呈现"中心＞外围"的空间格局，北京和天津的协调关系远优于其他区域。

（4）随着研究尺度的细化，协调关系的空间异质性特征明显。2018 年县级协调度在 0.1922~0.6268 之间，两系统协调关系包括勉强协调、初级协调、濒临失调、轻度失调、中度失调、严重失调等六类，多为失调关系。协调关系在空间上呈现"中心＞外围"的空间格局。

第七章 土地生态安全与经济高质量发展协调路径分析

本章运用相对发展度模型分析两个系统之间的超前滞后关系，结合前文对京津冀地区经济高质量发展与土地生态安全之间耦合阶段、协调关系的分析结果，明确耦合协调发展的复合类型，并以保障京津冀区域土地生态安全、促进经济高质量发展与土地生态安全的协调统一为目标，提出相应的发展路径。

第一节 相对发展度模型

协调度模型可以较好反映土地生态安全与经济高质量发展的相互联系强度，但是无法表征不同系统之间的差距。因此，本书运用相对发展度模型（刘宝涛，2017）分析土地生态安全和经济高质量发展之间的超前和滞后关系。计算公式如公式（7.1）所示。

$$E = \begin{cases} \dfrac{U_{HED}}{U_{LES}}, & U_{LES} > U_{HED} \\ \dfrac{U_{LES}}{U_{HED}}, & U_{LES} < U_{HED} \\ 1, & U_{LES} = U_{HED} \end{cases} \quad (7.1)$$

公式中：E 代表相对发展度；U_{LES}、U_{HED} 分别代表土地生态安全指数和经济高质量发展指数。根据相对发展度划分发展类型，划分标准见表7.1。

表 7.1　　　　　　　　　发展类型的划分标准表

对比关系	相对发展度	发展类型	编号
$U_{LES} > U_{HED}$	$0 < E \leq 0.4$	经济高质量发展严重滞后型	a
	$0.4 < E \leq 0.6$	经济高质量发展明显滞后型	b
	$E > 0.6$	经济高质量发展轻微滞后型	c
$U_{LES} < U_{HED}$	$0 < E \leq 0.4$	土地生态安全严重滞后型	d
	$0.4 < E \leq 0.6$	土地生态安全明显滞后型	e
	$E > 0.6$	土地生态安全轻微滞后型	f
$U_{LES} = U_{HED}$	$E = 1$	同步发展型	g

第二节　发展类型判定

根据前文研究方法，计算2018年京津冀经济高质量发展与土地生态安全的相对发展度，明确其发展类型。京津冀地区发展类型涵盖了六种类型，分别是土地生态安全轻微滞后型、土地生态安全明显滞后型、土地生态安全严重滞后型、经济高质量发展轻微滞后型、经济高质量发展明显滞后型、经济高质量发展严重滞后型。

土地生态安全轻微滞后型分布在12个县（区、市），占比为6.00%，分布在北京的大兴区，天津的西青区，河北的张家口市、秦皇岛市、沧州市等地区；土地生态安全明显滞后型分布在5个县（区、市），占比为2.50%，分布在北京的朝阳区、石景山区、昌平区，天津的北辰区和宁河区；土地生态安全严重滞后型分布在4个县（区、市），占比为2.00%，分布在北京的海淀区、通州区、顺义区和天津的滨海新区。这些地区土地生态安全水平影响着经济高质量发展与土地生态安全协调发展，不利于其区域可持续发展。其中，河北张家口的桥西区、下花园区、张北县、康保县、沽源县、万全区等6个县区同属于土地生态安全滞后区，多地处于坝上草原，该地区土地生态安全和经济高质量发展水平均不高，土地生态安全发展水平稍低于经济高质量发展水平。

经济高质量发展轻微滞后型分布在64个县（区、市），占比为32.00%，经济高质量发展明显滞后型分布在66个县（区、市），占比为33.00%，二者分布于华北平原和丘陵地带，土地生态安全水平稍微高于经济高质量发展水平。经济高质量发展严重滞后型分布在49个县（区、市），占比为24.50%，分布于京津冀北部和西部，与燕山山脉和太行山山脉分布区较为接近，该地区土地生态安全水平明显高于经济高质量发展水平。

第三节　复合类型判定

根据京津冀耦合阶段、协调关系和发展类型的分析结果，对耦合协调发展的复合类型进行划分，共划定了8个耦合协调发展的复合类型，20个具体类型（见表7.2）。8个耦合协调的发展类型分别是"磨合－失调衰退－经济高质量发展滞后型"（IIISD），"磨合－濒临协调－经济高质量发展滞后型"（IIIBD），"高耦合－失调衰退－经济高质量发展滞后型"（IVSD），"高耦合－失调衰退－土地生态安全滞后型"（IVSL），"高耦合－濒临协调－经济高质量发展滞后型"（IVBD），"高耦合－濒临协调－土地生态安全滞后型"（IVBL），"高耦合－基本协调－经济高质量发展滞后型"（IVJD），"高耦合－基本协调－土地生态安全滞后型"（IVJL）。

表 7.2 京津冀耦合协调发展的复合类型

序号	编号	耦合协调发展复合类型	具体类型	分布县（区、市）
1	IISD	磨合－失调衰退－经济高质量发展滞后型	磨合－中度失调－经济高质量发展严重滞后型 IIIСc	石家庄的井陉县、灵寿县、赞皇县、无极县、平山县等 5 个
2	IIIBD	磨合－濒临协调－经济高质量发展滞后型	磨合－轻度失调－经济高质量发展严重滞后型 IIIDc	北京的房山区，承德的兴隆县、隆化县、丰宁满族自治县，宽城满族自治县，保定的涞水县等 6 个
3	IVSD	高耦合－失调衰退－经济高质量发展滞后型	高耦合－严重失调－经济高质量发展明显滞后型 IVBb	邯郸的峰峰矿区等 1 个
			高耦合－严重失调－经济高质量发展轻微滞后型 IVBc	邯郸的涉县，保定的曲阳县、邢台的桥西区等 3 个
			高耦合－中度失调－经济高质量发展明显滞后型 IVCa	石家庄的井陉矿区、藁城区、栾城区、新乐市、辛集市、晋州市，承德的平泉市、滦平县、双滦区，张家口的怀来县、赤城县，秦皇岛的海港区、唐山的正西区、遵化市，保定的阜平县、易县，邢台的临城县、内丘县、任县、南和县、宁晋县、邯郸的鸡泽县、魏县、临漳县、大名县，永年区等 29 个
			高耦合－中度失调－经济高质量发展明显滞后型 IVCb	天津的河东区、河北区、鹿泉区、行唐县、蓟州区、宝坻区，石家庄的长安区、桥西区、新华区，唐山的路北区、承德的双滦区、蔚县、张家口的尚义县、秦皇岛的山海关县、唐山的路北区、滦南县、玉田县、遵化市、保定的安次区、廊坊的安次区、定兴县、唐州市、大城县、文安县、霸州市、蠡县、博野县、肃宁县、容城县、安新县、定州市、沧州的东光县、吴桥县、南皮县、衡水的景县、威县、清河县、邢台的柏乡县、隆尧县、巨鹿县、广宗县、平乡县、馆陶县、临西县、南宫市、沙河市，邯郸的武安市、邱县、曲周县、广平县、成安县、磁县、肥乡区等 61 个

108

续表

序号	编号	耦合协调发展复合类型	具体类型	分布县(区、市)
3	IVSD	高耦合-失调衰退-经济高质量发展滞后型	高耦合-中度失调-经济高质量发展轻微滞后型 IVCc	天津的河西区、南开区、红桥区、东丽区、津南区,承德的桥东区、张家口的双桥东区、宣化区、石家庄的裕华区,秦皇岛的昌黎县、卢龙县,唐山的路南区、迁安市、滦州市、曹妃甸区、乐亭县、迁西县、玉田县,廊坊的广阳区、三河市、保定的竞秀区、涿州市、顺平县、大厂回族自治县、青县,沧州的沧县、海兴县、盐山县、献县、孟村回族自治县、泊头市、黄骅市、河间市,衡水的桃城区、枣强县、冀州区、深州市、武强县、饶阳市、安平县、故城县、阜城县,邢台市的桥东区、新河县、南和台县、复兴区、邯郸山区等58个
4	IVSL	高耦合-失调衰退-土地生态安全轻微滞后型 IVCf	高耦合-中度失调-土地生态安全轻微滞后型 IVCf	张家口的桥西区、下花园区、张北县、康保县、沽源县、戴河区,沧州的新华区、运河区、万全区、秦皇岛的北戴河区等9个
5	IVBD	高耦合-濒临协调-经济高质量发展滞后型	高耦合-轻度失调-经济高质量发展严重滞后型 IVDa	北京的密云区、延庆区、承德的鹰手营子矿区、承德县、滦平县,秦皇岛的青龙满族自治县,保定的涞源县自治区、张家口的涿鹿县等9个
			高耦合-轻度失调-经济高质量发展轻微滞后型 IVDb	北京的丰台区等1个
			高耦合-轻度失调-经济高质量发展轻微滞后型 IVDc	北京的平谷区,天津的和平区等2个
			高耦合-濒临明显-经济高质量发展明显滞后型 IVEb	北京的门头沟区等1个
			高耦合-濒临协调-经济高质量发展轻微滞后型 IVEc	北京的怀柔区等1个

续表

序号	编号	耦合协调发展复合类型	具体类型	分布县(区,市)
6	IVBL	高耦合-濒临协调-土地生态安全滞后型	高耦合-轻度失调-土地生态安全明显滞后型 IVDe	天津的北辰区、宁河区等2个
			高耦合-轻度失调-土地生态安全轻微滞后型 IVDf	北京的大兴区,天津的西青区和秦皇岛的抚宁区等3个
			高耦合-濒临失调-土地生态安全严重滞后型 IVEd	北京的通州区,天津的滨海新区等2个
7	IVJD	高耦合-基本协调-经济高质量发展滞后型	高耦合-勉强协调-经济高质量发展明显滞后型 IVFb	北京的东城区、西城区等2个
			高耦合-勉强协调-土地生态安全严重滞后型 IVFd	北京的顺义区等1个
8	IVJL	高耦合-基本协调-土地生态安全滞后型	高耦合-勉强协调-土地生态安全明显滞后型 IVFe	北京的朝阳区、石景山区、昌平区等3个
			高耦合-初级协调-土地生态安全严重滞后型 IVGd	北京的海淀区等1个

110

一、磨合－失调衰退－经济高质量发展滞后型（IIISD）

磨合－失调衰退－经济高质量发展滞后型（IIISD）涉及5个县（区、市），数量占比2.50%，面积占比3.20%，主要分布在石家庄西部。仅包括1种具体类型，石家庄的井陉县、灵寿县、赞皇县、无极县、平山县，均属于磨合－中度失调－经济高质量发展严重滞后型（IIICc），说明土地生态安全与经济高质量发展耦合性一般，处于磨合阶段，协调性较差，处于中度失调关系，经济高质量发展程度严重滞后于土地生态安全水平。

二、磨合－濒临协调－经济高质量发展滞后型（IIIBD）

磨合－濒临协调－经济高质量发展滞后型（IIIBD）涉及6个县（区、市），数量占比3.00%，面积占比10.73%，主要分布在承德、北京和保定。该地区土地生态安全与经济高质量发展的耦合度处于磨合阶段，二者之间协调性并不理想。仅包括1种具体类型，北京的房山区，承德的兴隆县、隆化县、丰宁满族自治县、宽城满族自治县，保定的涞水县均属于磨合－轻度失调－经济高质量发展严重滞后型（IIIDc），说明这6个县的协调性一般，处于轻度失调关系，经济高质量发展程度严重滞后于土地生态安全水平。

三、高耦合－失调衰退－经济高质量发展滞后型（IVSD）

高耦合－失调衰退－经济高质量发展滞后型（IVSD）涉及152个县（区、市），数量占比76.00%，面积占比59.02%，是京津冀地区分布区域最广的类型，除北京外，其他区域均有分布，分别是保定22个，邢台19个，邯郸18个，石家庄17个，唐山和沧州各14个，天津和衡水各11个，廊坊10个，张家口9个，秦皇岛4个，承德3个。该地区土地生态安全与经济高质量发展之间的耦合度较高，处于高耦合阶段，二者之间的协调性较差，属于失调衰退的关系，经济高质量发展程度滞后于土地生态安全水平。

从具体类型看，共计包括5个具体类型，分别是高耦合－严重失调－经济高质量发展明显滞后型（IVBb）、高耦合－严重失调－经济高质量发展轻微滞后型（IVBc）、高耦合－中度失调－经济高质量发展严重滞后型（IVCa）、高耦合－中度失调－经济高质量发展明显滞后型（IVCb）、高耦合－中度失调－经济高质量发展轻微滞后型（IVCc）。

高耦合－严重失调－经济高质量发展明显滞后型（IVBb）仅分布在邯郸的峰峰矿区，数量占比0.50%，面积占比0.16%，该地区土地生态安全和经济高质量发展处于高耦合阶段，协调性较差，为严重失调关系，经济高质量发展程度明显滞后于土地生态安全。

高耦合－严重失调－经济高质量发展轻微滞后型（IVBc）涉及3个县（区、市），数量占比1.50%，面积占比1.27%，分布在邯郸的涉县，保定的曲阳县，邢台的桥西区。该地区土地生态安全与经济高质量发展处于高耦合阶段，协调性较差，为严重失调关系，经济高质量发展程度轻微滞后于土地生态安全水平。

高耦合－中度失调－经济高质量发展严重滞后型（IVCa）涉及29个县（区、市），数量占比14.50%，面积占比14.77%，分别是石家庄11个，邢台和邯郸各5个，张家口、唐山和保定各2个，承德和秦皇岛各1个。该地区土地生态安全与高质量处于高耦合阶段，二者协调性为中度失调关系，经济高质量发展程度严重滞后于土地生态安全水平。

高耦合－中度失调－经济高质量发展明显滞后型（IVCb）涉及61个县（区、市），数量占比30.50%，面积占比22.08%，分别是保定14个，邢台11个，邯郸8个，廊坊6个，石家庄5个，天津、唐山和沧州各4个，张家口2个，承德、秦皇岛和衡水各1个。该地区土地生态安全和经济高质量发展处于高耦合阶段，二者协调性中度失调，经济高质量发展程度明显滞后于土地生态安全水平。

高耦合－中度失调－经济高质量发展轻微滞后型（IVCc）涉及58个县（区、市），数量占比29.00%，面积占比20.74%，分别是沧州、衡水各10

个，唐山8个，天津7个，张家口5个，保定5个，廊坊4个，邯郸3个，秦皇岛、邢台各2个，石家庄和承德各1个。该地区土地生态安全和经济高质量发展处于高耦合阶段，二者协调性处于中度失调，经济高质量发展程度轻微滞后于土地生态安全水平。

四、高耦合–失调衰退–土地生态安全滞后型（IVSL）

高耦合–失调衰退–土地生态安全滞后型（IVSL）涉及9个县（区、市），数量占比4.50%，面积占比5.83%，主要分布在张家口、秦皇岛和沧州。该地区土地生态安全与经济高质量发展的耦合度处于高耦合阶段，二者之间协调性较差。仅包括1种具体类型，张家口的桥西区、下花园区、张北县、康保县、沽源县、万全区，秦皇岛的北戴河区，沧州市的新华区和运河区均属于高耦合–中度失调–土地生态安全轻微滞后型（IVCf），说明这9个县的协调性处于中度失调关系，土地生态安全水平轻微滞后于经济高质量发展程度。

五、高耦合–濒临协调–经济高质量发展滞后型（IVBD）

高耦合–濒临协调–经济高质量发展滞后型（IVBD）涉及14个县（区、市），数量占比7.00%，面积占比15.74%，主要分布在北京、天津、承德、张家口、秦皇岛和保定。该地区土地生态安全与经济高质量发展处于高耦合阶段，二者之间协调性并不理想，处于濒临协调关系，经济高质量发展程度滞后于土地生态安全水平。

具体类型可以分为高耦合–轻度失调–经济高质量发展严重滞后型（IVDa）、高耦合–轻度失调–经济高质量发展明显滞后型（IVDb）、高耦合–轻度失调–经济高质量发展轻微滞后型（IVDc）、高耦合–濒临失调–经济高质量发展明显滞后型（IVEb）、高耦合–濒临失调–经济高质量发展轻微滞后型（IVEc）等5类。

高耦合–轻度失调–经济高质量发展严重滞后型（IVDa）涉及9个县

(区、市），数量占比4.50%，面积占比13.48%，主要分布在北京的密云区、延庆区，承德的鹰手营子矿区、承德县、滦平县、围场满蒙自治县，张家口的涿鹿县，秦皇岛的青龙满族自治县，保定的涞源县等地区。该地区土地生态和经济高质量发展处于高耦合阶段，二者协调关系为轻度失调，经济高质量发展程度严重滞后于土地生态安全水平。

高耦合－轻度失调－经济高质量发展明显滞后型（IVDb）涉及1个县（区、市），数量占比0.50%，面积占比0.14%，仅分布在北京的丰台区。该地区土地生态安全和经济高质量发展处于高耦合阶段，二者协调关系处于轻度失调，经济高质量发展程度明显滞后于土地生态安全水平。

高耦合－轻度失调－经济高质量发展轻微滞后型（IVDc）涉及2个县（区、市），数量占比1.00%，面积占比0.45%，分别是北京的平谷区和天津的和平区。该地区土地生态安全与经济高质量发展处于高耦合阶段，二者协调关系处于轻度协调，经济高质量发展程度轻微滞后于土地生态安全水平。

高耦合－濒临失调－经济高质量发展明显滞后型（IVEb）涉及1个县（区、市），数量占比0.50%，面积占比0.68%，仅分布在北京的门头沟区。该地区土地生态安全与经济高质量发展处于高耦合阶段，二者协调关系处于濒临失调，经济高质量发展程度明显滞后于土地生态安全水平。

高耦合－濒临失调－经济高质量发展轻微滞后型（IVEc）涉及1个县（区、市），数量占比0.50%，面积占比0.99%，仅分布在北京的怀柔区。该地区土地生态安全与经济高质量发展处于高耦合阶段，二者协调关系处于濒临失调，经济高质量发展程度轻微滞后于土地生态安全水平。

六、高耦合－濒临协调－土地生态安全滞后型（IVBL）

高耦合－濒临协调－土地生态安全滞后型（IVBL）涉及7个县（区、市），数量占比3.50%，面积占比3.87%，分布在北京、天津和秦皇岛。该地区土地生态安全与经济高质量发展处于高耦合阶段，二者协调关系并不理想，为濒临协调，土地生态安全水平滞后于经济高质量发展程度。

具体类型包括高耦合-轻度失调-土地生态安全明显滞后型（IVDe）、高耦合-轻度失调-土地生态安全轻微滞后型（IVDf）、高耦合-濒临失调-土地生态安全严重滞后型（IVEd）等3类。

高耦合-轻度失调-土地生态安全明显滞后型（IVDe）涉及2个县（区、市），数量占比1.00%，面积占比0.89%，分布在天津的北辰区和宁河区。该地区土地生态安全与经济高质量发展处于高耦合阶段，二者协调关系为轻度失调，土地生态安全水平明显滞后于经济高质量发展程度。

高耦合-轻度失调-土地生态安全轻微滞后型（IVDf）涉及3个县（区、市），数量占比1.50%，面积占比1.50%，分布在北京的大兴区、天津的西青区和秦皇岛的抚宁区。该地区土地生态安全与经济高质量发展处于高耦合阶段，二者协调关系为轻度失调，土地生态安全水平轻微滞后于经济高质量发展程度。

高耦合-濒临失调-土地生态安全严重滞后型（IVEd）涉及2个县（区、市），数量占比1.00%，面积占比1.49%，分布在北京的通州区和天津的滨海新区。该地区土地生态安全与经济高质量发展处于高耦合阶段，二者协调关系为濒临失调，土地生态安全水平严重滞后于经济高质量发展程度。

七、高耦合-基本协调-经济高质量发展滞后型（IVJD）

高耦合-基本协调-经济高质量发展滞后型（IVJD）涉及2个县（区、市），数量占比1.00%，面积占比0.04%，分布在北京的东城区和西城区。具体类型属于高耦合-勉强协调-经济高质量发展明显滞后型（IVFb），该地区土地生态安全与经济高质量发展处于高耦合阶段，二者之间协调性关系一般，属于勉强协调，经济高质量发展程度明显滞后于土地生态安全水平。

八、高耦合-基本协调-土地生态安全滞后型（IVJL）

高耦合-基本协调-土地生态安全滞后型（IVJL）涉及5个县（区、

市），数量占比2.50%，面积占比1.56%，分布在北京的朝阳区、石景山区、海淀区、顺义区和昌平区。该地区土地生态安全与经济高质量发展处于高耦合阶段，属于基本协调关系，土地生态安全水平滞后于经济高质量发展程度。

具体类型包括高耦合－勉强协调－土地生态安全严重滞后型（IVFd）、高耦合－勉强协调－土地生态安全明显滞后型（IVFe）、高耦合－初级协调－土地生态安全严重滞后型（IVGd）等3类。

高耦合－勉强协调－土地生态安全严重滞后型（IVFd）涉及1个县（区、市），数量占比0.50%，面积占比0.48%，仅分布在北京市的顺义区。该地区土地生态安全与经济高质量发展处于高耦合阶段，协调关系较好，属于勉强协调关系，土地生态安全水平严重滞后于经济高质量发展程度。

高耦合－勉强协调－土地生态安全明显滞后型（IVFe）涉及3个县（区、市），数量占比1.50%，面积占比0.88%，分布在北京的朝阳区、石景山区和昌平区。该地区土地生态安全与经济高质量发展处于高耦合阶段，协调关系较好，属于勉强协调关系，土地生态安全水平明显滞后于经济高质量发展水平。

高耦合－初级协调－土地生态安全严重滞后型（IVGd）涉及1个县（区、市），数量占比0.50%，面积占比0.20%，分布在北京的海淀区。该地区土地生态安全与经济高质量发展处于高耦合阶段，协调关系最好，属于初级协调关系，土地生态安全水平严重滞后于经济高质量发展水平。

第四节 发展路径分析

一、地区发展路径判定

根据耦合协调发展的复合类型确定京津冀地区的发展路径，将发展路径细分为7个类型。

（1）经济高质量发展推动主导调控型－率先发展区（DSF）。分布在磨合－失调衰退－经济高质量发展滞后型（IIISD），磨合－濒临协调－经济高质量发展滞后型（IIIBD）等区域，涉及石家庄的井陉县、灵寿县、赞皇县、无极县、平山县，北京的房山区，承德的兴隆县、隆化县、丰宁满族自治县、宽城满族自治县，保定的涞水县等地区，应率先推动该区域的经济高质量发展，优化土地生态安全水平与经济高质量发展之间的耦合关系。

（2）经济高质量发展推动主导调控型－重点发展区（DZF）。分布在高耦合－失调衰退－经济高质量发展滞后型（IVSD）区域，涉及152个县（区、市），是京津冀地区分布区域最广的类型，除北京外，其他区域均有分布，分别是保定22个、邢台19个、邯郸18个、石家庄17个、唐山和沧州各14个、天津和衡水各11个、廊坊10个、张家口9个、秦皇岛4个、承德3个。该地区土地生态安全与经济高质量发展的协调关系较差，应作为重点地区，着重推动经济高质量发展程度，促进土地生态安全与经济高质量发展协调发展。

（3）经济高质量发展推动主导调控型－稳步发展区（DWF）。分布在高耦合－濒临协调－经济高质量发展滞后型（IVBD）区域，涉及14个县（区、市），主要分布在北京、天津、承德、张家口、秦皇岛和保定。该地区土地生态安全与经济高质量发展之间的协调关系，从失调逐步向协调转变，但并不理想，需要稳步推进经济高质量发展，促进二者协调发展。

（4）经济高质量发展推动主导调控型－持续发展区（DCF）。分布在高耦合－基本协调－经济高质量发展滞后型（IVJD）区域，涉及北京的东城区和西城区，该地区协调性较高，仅需要持续推动经济高质量发展即可。

（5）土地生态安全提升主导调控型－重点发展区（LZF）。分布在高耦合－失调衰退－土地生态安全滞后型（IVSL）区域，包括9个县（区、市），主要分布在张家口、秦皇岛和沧州，属于"土地生态安全提升主导调控型"面积最多的区域，也是提升土地生态安全水平的重点区域，需要优化提升土地生态安全与经济高质量发展的协调关系。

（6）土地生态安全提升主导调控型－稳步发展区（LWF）。分布在高耦合-濒临协调-土地生态安全滞后型（IVBL）区域，涉及7个县（区、市），数量分布在北京、天津和秦皇岛。该地区协调性开始变好，需要稳步提高土地生态安全水平，尽快转向协调发展。

（7）土地生态安全提升主导调控型-持续发展区（LCF）。分布在高耦合-基本协调-土地生态安全滞后型（IVJL）区域，涉及5个县（区、市），分布在北京的朝阳区、石景山区、海淀区、顺义区和昌平区。该地区本身协调性较好，仅需要持续提高土地生态安全水平即可。

二、"经济高质量发展推动主导调控型"发展建议

实现经济高质量发展和土地生态安全耦合协调的关键是推动两个子系统互为正向促进关系。针对"经济高质量发展推动主导调控型"的地区，本书参考前人研究（朱克力，2019；马建堂，2019；易昌良，2020），结合京津冀发展现状，从全面提高创新能力、推动区域协调发展、形成开放新格局、加快绿色与共享发展、实施差别化发展方案等五个方面提出政策建议，以期推动区域经济高质量发展，进而通过充分发挥经济高质量发展对土地生态安全保护的动力作用，达到二者的协调发展。

（一）全面提升创新能力

研究期内，京津冀地区创新发展的障碍度虽然波动下降，从41.70%下降到36.71%，但仍然是最大的障碍因素。研究期内，万人专利授权数障碍度虽然从31.29%下降到23.82%，研发投入强度由10.42%升高至12.89%。因此京津冀经济高质量发展首先就是要提高创新发展水平，重点需要做好以下三个方面工作。一是增加创新投入，搭建创新平台，加大技术研发力度。政府应引领社会资本在基础研究、关键技术和前沿技术研究等方面加大投入，充分发挥京津冀地区区位优势，以北京为中心打造基础创新和高新技术研发平台，以天津为中心打造应用研究和产业发展平台，以河北为中心打造成果应用和示范推广平台。二是要加快制度创新，完善与经济高质量发展相适应

的体制机制。促进生产要素从低质产品和初级产业向优质产品和高级产业流动，实现效益最大化和效率最优化，为经济高质量发展提供强有力的体制机制保障。三是统筹推进知识产权保护和区域合作，完善人才保障制度，巩固企业主体创新地位，提高产业创新能力，促进研发成果转化应用，进一步提高万人专利授权数量和质量。

（二）推动区域协调发展

研究期内，京津冀地区协调发展的障碍度从26.49%上升到32.18%，仅次于创新发展，且呈现持续提升态势，协调发展已经开始阻碍京津冀地区的经济高质量发展。研究期内，需求结构障碍度从15.46%升高至17.61%，区域结构从10.66%升高至14.02%。应重点从以下三个方面入手推动协调发展：一是实施扩大内需战略，通过构建区域共同市场，降低交易成本，提供优质产品和服务，促进内需潜力释放；二是优化区域发展形态，以城市群建设引领区域间的密切合作，按照市场化原则实现区域产业分工合作，带来新的经济动力；三是建立北京、天津等发达地区和河北其他欠发达地区的区域联动机制，补齐困难地区和农村地区短板，遵循效率和均衡并重的治理思想，实现区域协同发展。

（三）形成开放新格局

研究期内，京津冀地区开放发展的障碍度从16.06%上升至19.99%，整体呈上升态势。研究期内，外商投资比重8.75%升高到11.52%，金融发展程度研究期内呈现升高趋势，从7.31%上升至8.47%，二者成为影响京津冀经济高质量发展的主要障碍因子。充分利用外部市场和外部资源，打造高层次、全方位的开放型经济，带动国内市场和资源的转型升级发展。首先，是拓宽市场开放领域，加大对制造业和服务业对外开放和对内改革，引资、引技和引智并重，逐步提高国际市场话语权。其次，加快京津冀内部的开放合作，北京和天津率先提高对外开放水平，带动区域内部资源整合，提升要素生产效率。最后，考虑京津冀地区间金融业发展不均衡的现状，金融机构应统一规划京津冀服务策略，加大区域内部，尤其是河北地区的信贷规模，同时加快金融基础设施建设。

（四）加快绿色与共享发展

研究期内，京津冀地区绿色发展和共享发展的障碍度均为下降态势，绿色发展障碍度从2.55%下降至1.35%，共享发展障碍度从13.19%波动下降至9.77%，障碍度所占比例较低。仅有劳动者报酬比重是京津冀地区经济高质量发展的障碍因子，研究期内其障碍度呈现降低趋势，从8.64%降低到7.81%。京津冀在绿色发展方面具有一定的基础，未来应注重稳步提升，在共享发展方面应着重提高劳动者报酬以及公共服务设施、教育基础设施的发展成果共享。在绿色发展方面，一是加快建立健全绿色低碳循环发展的经济体系，注重发展清洁能源、清洁生产以及节能环保等产业；二是要打好污染防治攻坚战，注重大气防治、污水处理、提供美好的生活居住环境；三是要加强生态系统的保护与修复，增加优质生态产品供给，满足人们对美好生活的期待。在共享发展方面，一是按照"提低、扩中、限高"的原则，调节居民收入。在初次分配时，需要提高劳动者的劳动报酬，遵循市场原则和机会均等原则，完善按要素分配的收入分配制度，同时扩大财产性收入渠道。在再分配阶段，通过改革税收制度，限制资本性收入和过高收入。二是要通过建设区域联动发展机制，加快社会民生事业发展，加快公共服务设施建设和社会保障体系改革，在住房、医疗、社保、教育和养老等方面进一步缩小区域差距，实现发展成果人民共享。

（五）实施差别化的发展方案

各地的经济高质量发展水平不同，其对区域土地生态安全和经济高质量发展的影响不同，应根据不同的发展路径制定差别化的发展方案推进重点地区经济高质量发展。经济高质量发展推动"主导调控型－率先发展区"（DSF）包括石家庄的井陉县、灵寿县、赞皇县、无极县、平山县，北京的房山区，承德的兴隆县、隆化县、丰宁满族自治县、宽城满族自治县，保定的涞水县等地区，应率先推动该区域的经济高质量发展，优化土地生态安全水平与经济高质量发展之间的耦合关系。经济高质量发展推动"主导调控型－重点发展区"（DZF），涉及152个县（区、市），是京津冀地区分布区域最广的类型，除北京外，其他区域均有分布，分别是保定22个，邢台19个，邯郸18个，石家庄17个，唐山和沧州各14个，天津和衡水各11个，廊坊10个，张家口9个，秦皇岛4个，承德3个。该地区土地生态安全与经济高质量发展的协调关系较差，应作为重点地区，着重推动经济高质量发展程度，促进土地生态安全与经济高质量发展协调发展。经济高质量发展推动"主导调控型－稳步发展区"（DWF），涉及14个县（区、市），主要分布在北京、天津、承德、张家口、秦皇岛和保定。该地区土地生态安全与经济高质量发展之间的协调关系，从失调逐步向协调转变，但并不理想，需要稳步推进经济高质量发展，促进二者协调发展。经济高质量发展推动"主导调控型－持续发展区"（DCF）分布在北京的东城区和西城区，该地区协调性较高，仅需要持续推动经济高质量发展即可。

三、"土地生态安全提升主导调控型"发展建议

实现经济高质量发展和土地生态安全耦合协调的关键是推动两个子系统互为正向促进作用。针对"土地生态安全提升主导调控型"的地区，在经济高质量发展与土地生态安全协调发展过程中，应着力减轻土地生态压力，继续改善土地生态状态，积极提高土地生态响应水平，从而提高土地生态安全总体水平。通过充分发挥土地生态安全对经济高质量发展的支持作用，达到二者的协调发展。根据土地生态安全的内涵和功能，参考前人研究（肖金成等，2010；郑新业等，2015；王得新，2016；王书华等，2016；李国平，2016；祝合良等，2017；彭文英，2018），结合京津冀的发展实际，从建立协同发展体制机制、优化人口空间布局、促进产业一体化发展、优化综合交通网络、加强土地生态保护、有序提升土地生态安全水平等六个方面提出具体政策建议。

(一) 建立协同发展体制机制

京津冀经济、文化、地理紧密相连,但地跨一省两市,按行政区划的管理方式不符合协同发展的现实需要,亟待完善协同发展制度,构建协同发展机制,促进京津冀协同发展战略向纵深推进,从而通过完善体制机制进而推动土地生态压力降低和土地生态响应提高,优化土地生态状态,最终实现土地生态安全水平的提升。首先,要成立京津冀协同发展领导小组,打破行政界限,构建科学合理的制度框架,促进协调发展政策的落地实施。其次,由协同发展小组统筹人口政策、产业一体化布局、交通网络布设、生态环境保护等一系列工作,并通过有效的财政转移支付和利益分配共享来保障工作的顺利实施。

(二) 优化人口空间布局

中心城市人口过度集中,一旦超过土地承载能力,会给土地生态安全带来较大的压力,因此需要通过人口空间布局优化来加快人口流动转移,降低中心城市的土地生态安全压力。虽然人口密度(D1)、人口增长速度(D12)不是京津冀地区的主要障碍因子,但是它们制约部分城市的土地生态安全,也可以为提高各区域的土地生态安全水平提供参考。首先,北京市域范围内,应加快发展多中心格局建设,加快公共服务基础设施建设,促进人口由中心城区向郊区的转移。其次,京津冀空间范围内,通过加强顶层设计,以法律和规划为手段,优化人口分区布局,形成差别化的管控政策,促进三地人口在区域内合理流动。

(三) 促进产业一体化发展

京津冀协同发展要为非首都功能的疏解提供平台和机遇,产业转型发展以及产业转移对接带来的人口疏解均可降低土地生态压力,从而有效提高土地生态安全水平。根据前文障碍度分析结果可知,研究期内,土地经济密度的障碍度始终位于首位,从28.63%上升到30.71%,第三产业比重也是京津冀土地生态安全的障碍因子,从7.26%下降到6.76%。通过产业一体化发展形成合力，促进区域 GDP 水平的提高，可以提高土地利用功能效率，提高土地生态安全状态。同时产业转型发展，三产比重加大，也可以提高土地生态安全响应水平。这就需要明确北京、天津和河北的产业发展定位，利用京津冀地区明显的产业结构差异，在理顺产业链条的基础上，加快产业转移承接。构筑京津冀区域垂直产业分工，布局产业带，培育产业集群。另外，需要水平整合区域产业链和构筑水平分工体系，尤其是北京远郊区、天津、河北在制造业领域进行精细化分工，避免同质化竞争，形成优势互补格局。

（四）优化综合交通网络

完善的交通运输网络，可以提升京津冀之间的交通便捷程度，有效降低交通成本，促进人才流动和产业转移，满足京津冀协同发展和北京非首都功能疏解的需要。根据前文障碍度分析可知，研究期内，地均交通运输、仓储和邮政业投资已成为制约土地生态安全的主要障碍因子，从 27.89% 升高到 29.75%。因此需要加大交通网络建设的投资，加快综合立体交通网络的建设，来提高土地生态安全的响应水平，进而提高土地生态安全的综合水平。加快公路建设，在农村贫困地区、产业聚集地区强化公路对接，打通三地路网；加快港口航海运输建设，在天津、河北沿海港口完善运输体系，注重衔接港口与陆路交通；加快航空运输建设，建设以首都机场为核心、天津机场为辅，包含河北各地机场的枢纽建设；加强铁路干线建设，积极布设城际、市域专线，打造"3 小时交通圈"。

（五）加强土地生态保护

土地生态系统可为人类生存和发展提供资源供给，保持其自身结构完整和功能稳定是第一要义。首先，通过规划手段，科学确定建设用地规模，促进节约集约用地，如城乡建设用地统筹、区域建设用地统筹，完善建设用地退出机制，有效控制土地开发强度，提高土地利用效率。其次，保持耕地稳定供应，保障粮食安全。研究期内，单位耕地面积化肥施用量成为制约京津冀土地生态安全的障碍因子，由 4.55% 略微提高到 5.10%。农业生产过程中化肥的施用给土地生态安全带来了一定的压力。因此,要注重发展生态农业、绿色农业,减少农业生产过程中的化肥施用,以保持耕地功能的稳定性。最后,加大土地生态修复工程,加大森林、草原、湿地的恢复和建设,结合当地自然资源禀赋特点,通过土地整治、土地复垦等措施促进土地利用结构优化和功能恢复。

(六)有序提升土地生态安全水平

各地的土地生态安全水平不同,对区域土地生态安全和经济高质量发展的影响也不同,应根据不同的发展路径制定有序提高土地生态安全水平,促进土地生态安全与高质量的协调发展。土地生态安全提升"主导调控型-重点发展区"(LZF)包括9个县(区、市),主要分布在张家口、秦皇岛和沧州,属于"土地生态安全提升主导调控型"面积最多的区域,也是提升土地生态安全水平的重点区域,需要优化提升土地生态安全与经济高质量发展的协调关系。土地生态安全提升"主导调控型-稳步发展区"(LWF)包括7个县(区、市),数量分布在北京、天津和秦皇岛。该地区协调性开始变好,需要稳步提高土地生态安全水平,尽快转向协调发展。土地生态安全提升"主导调控型-持续发展区"(LCF)包括5个县(区、市),分布在北京的朝阳区、石景山区、海淀区、顺义区和昌平区。该地区本身协调性较好,仅需要持续提高土地生态安全水平即可。

第五节 本章小结

本章运用相对发展度模型明确了京津冀经济高质量发展与土地生态安全两系统发展类型。综合耦合阶段、协调关系和发展类型,明确了区域耦合协调发展的复合类型,研判了京津冀地区的发展路径,从而提出相应的政策建议。研究结果表明:

(1)京津冀地区发展类型以经济高质量发展滞后型为主。经济高质量发展明显滞后型数量占比为33.00%，经济高质量发展轻微滞后型数量占比为32.00%，经济高质量发展严重滞后型数量占比为24.50%。土地生态安全滞后型数量占比为10.50%，占比高低依次是土地生态安全轻微滞后型、土地生态安全明显滞后型、土地生态安全严重滞后型。

（2）京津冀地区耦合协调发展的复合类型包括八大类，"高耦合－失调衰退－经济高质量发展滞后型"（IVSD）是分布最广的类型，数量占比76.00%。其他类型按数量占比排序依次是"高耦合－濒临协调－经济高质量发展滞后型"（IVBD，7.00%）、"高耦合－失调衰退－土地生态安全滞后型"（IVSL，4.50%）、"高耦合－濒临协调－土地生态安全滞后型"（IVBL，3.50%）、"磨合－濒临协调－经济高质量发展滞后型"（IIIBD，3.00%）、"磨合－失调衰退－经济高质量发展滞后型"（IIISD，2.50%）、"高耦合－基本协调－土地生态安全滞后型"（IVJL，2.50%）、"高耦合－基本协调－经济高质量发展滞后型"（IVJD，1.00%）。

（3）京津冀区域发展路径可以划分为"经济高质量发展推动主导调控型"和"土地生态安全提升主导调控型"两大类，综合发展时序将发展路径细分为七个类别，分别是"经济高质量发展推动主导调控型－率先发展区"（DSF），"经济高质量发展推动主导调控型－重点发展区"（DZF），"经济高质量发展推动主导调控型－稳步发展区"（DWF），"经济高质量发展推动主导调控型－持续发展区"（DCF），"土地生态安全提升主导调控型－重点发展区"（LZF），"土地生态安全提升主导调控型－稳步发展区"（LWF），"土地生态安全提升主导调控型－持续发展区"（LCF）。

（4）京津冀发展路径以"经济高质量发展推动主导调控型"为主，其次是"土地生态安全提升主导调控型"。"经济高质量发展推动主导调控型"的发展建议包括全面提高创新能力、推动区域协调发展、形成开放新格局、加快绿色与共享发展、实施差别化发展方案等五个方面。"土地生态安全提升主导调控型"的发展建议包括建立协同发展体制机制、优化人口空间布局、促进产业一体化发展、优化综合交通网络、加强土地生态保护、有序提升土地生态安全水平等六个方面。

第八章
结论与展望

第一节 主要结论

本书以京津冀地区为研究区,选择2007~2018年为研究期,构建了"系统水平评价－耦合机理实证－耦合协调关系测算－协调路径分析"的研究框架,从区域协同发展的角度研究了"宏观－中观－微观"等多尺度下的土地生态安全与经济高质量发展的耦合协调关系。通过上述研究,本书取得的主要研究成果及结论如下:

1. 京津冀土地生态安全时空变化及其障碍因子

京津冀土地生态安全处于较低水平,发展态势总体向好。整体土地生态安全指数从0.1934(2007年)缓慢上升至0.3284(2018年),安全级别由危险级(Ⅰ)提高至临界级(Ⅲ)。土地生态压力指数、土地生态状态指数、土地生态响应指数均有所提高,各子系统的贡献率排序依次为:响应子系统(R)>状态子系统(S)>压力子系统(P)。

随着研究尺度的细化,土地生态安全的空间异质性特征明显。京津冀市级土地生态安全水平不断提高,市级安全指数由0.1726~0.3744(2007年)提高至0.2032~0.8040(2018年),安全级别以敏感级(Ⅱ)为主。区域内部发展并不均衡，内部差异逐渐增大。市级土地生态安全呈现"中心＞外围"的空间格局，北京、天津显著高于其他地区。2018年县级土地生态安全指数在0.0560~0.6694之间，以危险级（Ⅰ）和敏感级（Ⅱ）为主，呈现"中部＞北部＞南部"的空间格局。

影响京津冀土地生态安全的7个主要障碍因子分别是土地经济密度，地均交通运输、仓储和邮政业投资，人均GDP，第三产业比重，耕地面积比重，单位耕地面积化肥施用量和城市建成区绿化覆盖率。

2. 京津冀经济高质量发展水平时空变化及其障碍因子

京津冀经济高质量发展水平持续提升，但总体上还处于较低水平。整体经济高质量发展指数由0.2578（2007年）上升至0.3517（2018年）。共享发展、绿色发展和创新发展水平持续提高，协调发展和开放发展水平下降。各子系统的贡献率排序依次为：创新发展＞共享发展＞绿色发展＞开放发展＞协调发展。

京津冀市级经济高质量发展水平不断提高，市级发展指数由0.09~0.40（2007年）提高至0.14~0.62（2018年）。除唐山略微下降外，京津冀其他区域经济高质量发展水平不断改善，主要分布在0.1~0.2之间。区域内部经济高质量发展水平差异大，发展并不均衡，呈现"中心＞外围"的空间格局，北京和天津的经济高质量发展水平远高于其他区域。2018年县级经济高质量发展指数在0.0321~0.7979之间，整体呈现"中心＞外围"的空间格局。

影响经济高质量发展的7个主要障碍因子分别是万人专利授权数、需求结构、区域结构、研发投入强度、外商投资比重、劳动者报酬比重和金融发展程度等。

3. 京津冀土地生态安全与经济高质量发展的耦合机理

土地生态安全对经济高质量发展具有粮食安全保障、高品质生产要素、生态财富增值载体的作用，经济高质量发展对土地生态安全具有源头控制、经济基础、制度供给的作用。

协整检验分析结果表明，京津冀地区土地生态安全和经济高质量发展两个系统间具有长期稳定的均衡关系，二者可以动态联动发展。Granger 因果关系检验表明，土地生态安全水平的提升有力推动了经济高质量发展，但是经济高质量发展对土地生态安全影响有限，不是拉动土地生态安全水平提升的主要原因。脉冲响应分析结果表明：土地生态安全和经济高质量发展均具有自我增强机制，并且对自身影响逐步下降；土地生态安全对于经济高质量发展存在明显的支持作用，但是这种作用随着时间的推移而逐渐降低；经济高质量发展对于土地生态安全虽然具有一定的正向带动作用，但是效果并不明显。

京津冀地区土地生态安全与经济高质量发展存在显著的空间正相关性，存在 4 类空间集聚类型，占比依次为"低－低"型聚集区、"高－高"型集聚区、"高－低"型聚集区和"低－高"型集聚区。京津冀地区土地生态安全存在显著的空间正相关性，存在 4 类空间集聚类型，以"低－低"型聚集区和"高－高"型集聚区为主。京津冀地区经济高质量发展存在显著的空间正相关性，存在 3 类空间集聚类型，以"低－低"型聚集区和"高－高"型集聚区为主。

4. 京津冀土地生态安全与经济高质量发展的耦合协调关系

随着研究尺度的深入，耦合阶段的空间异质性特征明显。京津冀两系统整体耦合度呈波动增加的趋势，从 0.9898（2007 年）上升至 0.9994（2018 年），处于高耦合阶段。市级耦合度均在 0.92～1.00 之间，均处于高耦合阶段。2018 年县级耦合度在 0.72～1.00 之间，多数地区处于高耦合阶段，少数处于磨合阶段。

京津冀两系统整体协调关系处于较低水平但是呈现持续好转态势，整体协调度从 0.4059（2007 年）提高至 0.4978（2018 年），两系统之间的相互作用逐渐加强，且朝着良好有序的方向发展。两系统持续处于濒临失调关系，协调关系尚未达到优质协调，还有较大的提升空间。

随着研究尺度的深入，协调关系的空间异质性特征明显。市级协调关系持续改善，市级协调度从 0.2301～0.5310（2007 年）提高至 0.3566～0.7209（2018 年）。市级协调关系多为轻度失调和濒临失调关系，还有较大的提升空间。空间上呈现"中心＞外围"的分布格局，区域内部发展并不均衡，北京和天津的协调关系远优于其他区域。2018年县级经济高质量发展与土地生态安全的协调度在0.1922～0.6268之间，协调关系包括勉强协调、初级协调、濒临失调、轻度失调、中度失调和严重失调等六种，多数地区处于失调关系。整体呈现"中心＞外围"的空间格局。

5. 京津冀土地生态安全与经济高质量发展的协调路径

耦合协调发展的复合类型包括八大类，"高耦合－失调衰退－经济高质量发展滞后型"（IVSD）是分布最广的类型。其他类型按数量占比排序依次是"高耦合－濒临协调－经济高质量发展滞后型"（IVBD）、"高耦合－失调衰退－土地生态安全滞后型"（IVSL）、"高耦合－濒临协调－土地生态安全滞后型"（IVBL）、"磨合－濒临协调－经济高质量发展滞后型"（IIIBD）、"磨合－失调衰退－经济高质量发展滞后型"（IIISD）、"高耦合－基本协调－土地生态安全滞后型"（IVJL）、"高耦合－基本协调－经济高质量发展滞后型"（IVJD）。

区域发展路径以"经济高质量发展推动主导调控型"为主，"土地生态安全提升主导调控型"较少。综合发展时序细分为七个类型，分别是"经济高质量发展推动主导调控型－率先发展区"（DSF），"经济高质量发展推动主导调控型－重点发展区"（DZF），"经济高质量发展推动主导调控型－稳步发展区"（DWF），"经济高质量发展推动主导调控型－持续发展区"（DCF），"土地生态安全提升主导调控型－重点发展区"（LZF），"土地生态安全提升主导调控型－稳步发展区"（LWF），"土地生态安全提升主导调控型－持续发展区"（LCF）。

"经济高质量发展推动主导调控型"的发展建议包括全面提高创新能力、推动区域协调发展、形成开放新格局、加快绿色与共享发展、实施差别化发展方案等五个方面。"土地生态安全提升主导调控型"的发展建议包括建立协同发展体制机制、优化人口空间布局、促进产业一体化发展、优化综合交通网络、加强土地生态保护、有序提升土地生态安全水平等六个方面。

第二节 研究展望

（1）本书开展了多尺度土地生态安全与经济高质量发展的耦合协调关系研究，目前微观层面上只开展了2018年县级尺度的研究分析。主要是因为当前相关统计数据基础较为薄弱，跨行政区的小尺度逐年数据难以获取。未来随着京津冀区域协同发展战略深入推进，统计数据指标有望融合统一，结合土壤、降水、植被等自然数据，今后在微观层面上可以进一步探索更小尺度上二者的协调关系，服务于精细化管理的需要。

（2）本书着重分析了京津冀地区土地生态安全与经济高质量发展的耦合协调关系，缺乏与其他地区的对比分析，研究结果对全面认识协同发展区域生态安全与经济发展之间的关系有一定的局限性。在今后的研究中将与长三角、粤港澳大湾区等区域进行对比研究，这对于优化协同发展区域生态安全和经济发展的协调关系，促进区域可持续发展具有重要的理论和实践意义。

参考文献

[1] 白英丽,刘瀚,韩维涛.京津冀城市群区域尺度土地生态遥感监测研究[J].河北地质大学学报,2019,42(5):50-55.

[2] 毕胜.京津冀城市发展质量空间分异及其影响因素研究[D].北京:中国矿业大学(北京),2020.

[3] 蔡太义,马守臣,吕鹏,等.基于PSR模型的土地生态安全评价研究:以焦作市为例[J].湖北农业科学,2014,53(6):1460-1464.

[4] 蔡玉胜,吕静韦.基于熵值法的京津冀区域发展质量评价研究[J].工业技术经济,2018,37(11):67-74.

[5] 曹刚,刘艳中,张祚,等.土地生态安全二维预警模型构建及应用:以临湘市为例[J].中国环境科学,2022,42(5):2305-2314.

[6] 陈文烈,李燕丽.西部地区高质量发展测度及时空演变格局[J].西南民族大学学报(人文社会科学版),2022,43(3):100-111.

[7] 陈伊多,杨庆媛,杨人豪,等.基于熵权物元模型的土地生态安全评价:重庆市江津区实证[J].干旱区地理,2018,41(1):185-194.

[8] 储佩佩,付梅臣.中国区域土地生态安全与评价研究进展[J].中国农学通报,2014,30(11):160-164.

[9] 崔占峰,辛德嵩.深化土地要素市场化改革 推动经济高质量发展[J].经济问题,2021(11):1-9.

[10] 崔胜辉,洪华生,黄云凤,等.生态安全研究进展[J].生态学报,

2005 (4): 861-868.

[11] 代杰. 湖南省土地生态安全与经济发展耦合协调分析 [J]. 农村经济与科技, 2019, 30 (7): 42-45.

[12] 杜爱国. 中国经济高质量发展的制度逻辑与前景展望 [J]. 学习与实践, 2018 (7): 5-13.

[13] 樊骋, 余新宏, 葛艳艳, 等. 合肥市新型城镇化进程与土地生态安全耦合关系分析 [J]. 内蒙古农业大学学报 (社会科学版), 2020, 22 (6): 51-57.

[14] 范胜龙, 杨玉珍, 陈训争, 等. 基于PSR和无偏GM (1, 1) 模型的福建省耕地生态安全评价与预测 [J]. 中国土地科学, 2016, 30 (9): 19-27.

[15] 范业龙, 陆玉麒, 赵俊华, 等. 中国粮食生产区域差异的多尺度分析 [J]. 经济地理, 2014, 34 (10): 124-130.

[16] 顾康康. 生态承载力的概念及其研究方法 [J]. 生态环境学报, 2012, 21 (2): 389-396.

[17] 郭斌, 任志远. 城市土地利用变化与生态安全动态测评 [J]. 城市规划, 2010, 34 (2): 25-29.

[18] 郭冬艳, 王冬艳, 钟骁勇, 等. 京津冀高质量发展水平评价及障碍因子诊断 [J]. 统计与决策, 2022, 38 (15): 122-126.

[19] 韩冬. 城镇化高质量发展水平测度: 基于京津冀城市群的实证 [J]. 统计与决策, 2022, 38 (4): 93-97.

[20] 韩璟, 何佟佟, 杨勇. 城市群高质量发展与土地利用效率耦合协调度评价: 基于黄河流域七大城市群的实证分析 [J]. 河南师范大学学报 (哲学社会科学版), 2021, 48 (1): 95-101.

[21] 韩书成, 熊建华, 李丹. 珠三角城市群土地生态安全评价指标体系研究 [J]. 广东农业科学, 2016, 43 (2): 83-88.

[22] 韩雅清, 左孝凡, 李玉水, 等. 区域一体化战略对经济高质量发展的影响研究: 以京津冀地区为例 [J]. 资源开发与市场, 2021, 37

(10)：1216-1222.

[23] 韩永辉，韦东明．中国省域高质量发展评价研究［J］．财贸研究，2021，32（1）：26-37.

[24] 何立峰．深入贯彻新发展理念 推动中国经济迈向高质量发展［J］．宏观经济管理，2018（4）：4-5，14.

[25] 何如海，陆雅雯，周颖，等．基于主成分-聚类分析法的淮河生态经济带土地生态安全评价研究［J］．山东农业大学学报（社会科学版），2019，21（4）：39-47，129-130.

[26] 何如海，饶骎，杨晗宇，等．基于耦合协调模型的安徽省土地生态安全与经济发展关系评价研究［J］．黑龙江八一农垦大学学报，2020，32（2）：119-124，132.

[27] 贺胜兰，蔡圣楠．学术界关于高质量发展评价体系的研究综述［J］．国家治理，2019（38）：17-24.

[28] 贺晓宇，沈坤荣．现代化经济体系、全要素生产率与高质量发展［J］．上海经济研究，2018（6）：25-34.

[29] 赫尔曼·戴利．超越增长：可持续发展的经济学［M］．诸大建，胡圣，译．上海：上海译文出版社，2001.

[30] 后雪峰，江英志．基于耦合协调度的揭阳市土地生态安全与经济发展评价［J］．海南师范大学学报（自然科学版），2020，33（4）：446-452.

[31] 胡凤英，郑毅，周正龙．基于耦合协调度的土地生态安全与经济关系的评价研究［J］．安徽农业科学，2015，43（18）：266-270.

[32] 黄光宇，陈勇．生态城市理论与规划涉及方法［M］．北京：科学出版社，2002.

[33] 黄金川，林浩曦．京津冀城市群多情景空间演化模拟［J］．地理研究，2017，36（3）：506-517.

[34] 黄烈佳，杨鹏．长江经济带土地生态安全时空演化特征及影响因素［J］．长江流域资源与环境，2019，28（8）：1780-1790.

[35] 贾琨，盛茜钰，刘畅文，等．面向SDGs的黄河中下游土地可持续发展

水平测度及障碍诊断［J］．中国农业大学学报，2022，27（9）：237-247．

［36］姜燕．河南省新型城镇化与土地生态安全协调发展研究［D］．焦作：河南理工大学，2019．

［37］揭昌亮，石峰．京津冀地区土地生态安全评价与调控研究［J］．农业部管理干部学院学报，2016（1）：37-43．

［38］卡马耶夫．经济增长的速度和质量［M］．陈华山，左东官，何剑，等，译．武汉：湖北人民出版社，1983：35．

［39］李德胜．新型城镇化背景下区域土地生态安全研究：以武汉为例［D］．北京：中国地质大学，2017．

［40］李国平．京津冀区域发展报告（2016）［M］．北京：科学出版社，2016．

［41］李昊，李世平，银敏华．中国土地生态安全研究进展与展望［J］．干旱区资源与环境，2016，30（9）：50-56．

［42］李昊，南灵，李世平．基于面板数据聚类分析的土地生态安全评价研究：以陕西省为例［J］．地域研究与开发，2017，36（6）：136-141．

［43］李建春，袁文华．基于GIS格网模型的银川市土地生态安全评价研究［J］．自然资源学报，2017，32（6）：988-1001．

［44］李洁，赵锐锋，梁丹，等．兰州市城市土地生态安全评价与时空动态研究［J］．地域研究与开发，2018，37（2）：151-157．

［45］李梦欣，任保平．新时代中国高质量发展指数的构建、测度及综合评价［J］．中国经济报告，2019（5）：49-57．

［46］蔺鹏，孟娜娜．环境约束下京津冀区域经济发展质量测度与动力解构：基于绿色全要素生产率视角［J］．经济地理，2020，40（9）：36-45．

［47］李若凡．京津冀土地生态压力调控研究［D］．北京：首都经济贸易大学，2019．

［48］李文鸿，曹万林．科技创新、对外开放与京津冀高质量协同发展研究［J］．统计与决策，2021，37（7）：122-126．

［49］李秀霞，周也，张婷婷．基于BP神经网络的土地生态安全预警研究：

以吉林省为例［J］．林业经济，2017，39（3）：83-86.

［50］李玉清，宋戈，王越，等．基于能值分析的哈尔滨所辖市县土地资源生态安全评价［J］．水土保持研究，2014，21（3）：267-272，278.

［51］李悦，袁若愚，刘洋，等．基于综合权重法的青岛市湿地生态安全评价［J］．生态学杂志，2019，38（3）：847-855.

［52］刘宝涛，王鑫淼，刘帅，等．基于正态云模型的吉林省耕地生态安全诊断［J］．地域研究与开发，2019，38（3）：119-124，129.

［53］刘宝涛．吉林省新型城镇化与土地健康利用协调发展研究［D］．长春：吉林大学，2017.

［54］刘多．东北地区制造业与生产性服务业协调发展研究［D］．长春：东北师范大学，2020.

［55］刘家旗，茹少峰．数字经济如何影响经济高质量发展：基于国际比较视角［J］．经济体制改革，2022（1）：157-163.

［56］刘娇，张超，孙晓莉，等．基于DPSIR模型的云南省土地生态安全评价［J］．西南林业大学学报（自然科学），2021，41（3）：113-121.

［57］刘军，边志强．资源型城市经济高质量发展水平测度研究：基于新发展理念［J］．经济问题探索，2022（1）：92-111.

［58］刘立军，刘义臣．科技金融与实体经济高质量发展耦合协调研究：以京津冀为例［J］．经济问题，2022，（8）：96-102.

［59］刘琳轲，梁流涛，高攀，等．黄河流域生态保护与高质量发展的耦合关系及交互响应［J］．自然资源学报，2021，36（1）：176-195.

［60］刘时栋，徐丽萍，张婕．新疆土地生态安全时空变化［J］．生态学报，2019，39（11）：3871-3884.

［61］刘晓恒，杨柳．基于DPSIR-TOPSIS和GM（1，1）模型的贵州省土地生态安全评价与预测［J］．江苏农业科学，2018，46（15）：292-297.

［62］刘艳芳，明立彩，孔雪松．基于PSR模型与物元模型的土地生态安全评价：以湖北省大冶市为例［J］．江苏农业科学，2017，45（5）：271-277.

[63] 刘志彪. 理解高质量发展：基本特征、支撑要素与当前重点问题 [J]. 学术月刊, 2018, 50 (7): 39-45, 59.

[64] 柳思, 张军, 田丰, 等. 2005—2014 年疏勒河流域土地生态安全评价 [J]. 生态科学, 2018, 37 (3): 114-122.

[65] 鲁邦克, 邢茂源, 杨青龙. 中国经济高质量发展水平的测度与时空差异分析 [J]. 统计与决策, 2019, 35 (21): 113-117.

[66] 陆威, 赵源, 冯薪霖, 等. 土地资源生态安全研究综述 [J]. 中国农学通报, 2016, 32 (32): 88-93.

[67] 吕广斌, 廖铁军, 姚秋昇, 等. 基于 DPSIR-EES-TOPSIS 模型的重庆市土地生态安全评价及其时空分异 [J]. 水土保持研究, 2019, 26 (6): 249-258, 266.

[68] 马茹, 罗晖, 王宏伟, 等. 中国区域经济高质量发展评价指标体系及测度研究 [J]. 中国软科学, 2019 (7): 60-67.

[69] 马轩凯, 高敏华. 西北干旱地区绿洲城市土地生态安全动态评价：以新疆库尔勒市为例 [J]. 干旱区地理, 2017, 40 (1): 172-180.

[70] 马艳. 基于熵权 TOPSIS 法的湖北省土地生态安全评价 [J]. 湖北农业科学, 2019, 58 (8): 28-34.

[71] 马跃. 呼包鄂榆城市群经济高质量发展研究 [D]. 呼和浩特: 内蒙古师范大学, 2020.

[72] 马志昂, 盖艾鸿, 程久苗. 基于 BP 人工神经网络的区域土地生态安全评价研究：以安徽省为例 [J]. 中国农学通报, 2014, 30 (23): 289-295.

[73] 麦丽开·艾麦提, 满苏尔·沙比提, 张雪琪. 叶尔羌河平原绿洲土地生态安全预警演变与时空格局分析 [J]. 中国农业资源与区划, 2020, 41 (7): 75-84.

[74] 么泽恩, 蔡海生, 张学玲, 等. 基于 CRITIC-TOPSIS 模型的浮梁县土地生态安全时空分异及其障碍因素分析 [J]. 长江流域资源与环境, 2021, 30 (10): 2452-2463.

[75] 梅艳，雍新琴，舒帮荣，等．基于信息熵与未确知测度理论的土地生态安全评价：以江苏省为例［J］．江苏农业科学，2013，41（10）：297-301．

[76] 孟旭光．我国国土资源安全面临的挑战及对策［J］．中国人口·资源与环境，2002（1）：49-52．

[77] 裴巍，付强，刘东，等．基于改进投影寻踪模型黑龙江省土地资源生态安全评价［J］．东北农业大学学报，2016，47（7）：92-100．

[78] 彭文英．京津冀地区土地生态压力及协同调控策略［J］．中国流通经济，2018，32（3）：95-101．

[79] 乔蕻强，程文仕．基于熵权物元模型的土地生态安全评价［J］．土壤通报，2016，47（2）：302-307．

[80] 乔治，贺疃，卢应爽，等．全球气候变化背景下基于土地利用的人类活动对城市热环境变化归因分析：以京津冀城市群为例［J］．地理研究，2022，41（7）：1932-1947．

[81] 秦放鸣，唐娟．经济高质量发展：理论阐释及实现路径［J］．西北大学学报（哲学社会科学版），2020，50（3）：138-143．

[82] 秦鹏，张志辉，刘庆．黄河三角洲滨海湿地生态安全评价［J］．中国农业资源与区划，2020，41（8）：145-153．

[83] 任保平，付雅梅，杨羽宸．黄河流域九省区经济高质量发展的评价及路径选择［J］．统计与信息论坛，2022，37（1）：89-99．

[84] 任保平，朱晓萌．新时代中国高质量开放的测度及其路径研究［J］．统计与信息论坛，2020，35（9）：26-33．

[85] 任栋，曹改改，龙思瑞．基于人类发展指数框架的中国各地社会发展协调度分析［J］．数量经济技术经济研究，2021，38（6）：88-106．

[86] 荣联伟，师学义，高奇，等．黄土高原山丘区土地生态安全动态评价及预测［J］．水土保持研究，2015，22（3）：210-216．

[87] 邵彦敏．新发展理念：高质量发展的战略引领［J］．国家治理，2018（5）：11-17．

[88] 师博,何璐,张文明. 黄河流域城市经济高质量发展的动态演进及趋势预测 [J]. 经济问题, 2021 (1): 1-8.

[89] 时浩楠. 中国省域人口城镇化与教育城镇化耦合协调关系研究 [D]. 合肥:安徽大学, 2019.

[90] 苏正国,李冠,陈莎,等. 基于突变级数法的土地生态安全评价及其影响因素研究:以广西壮族自治区为例 [J]. 水土保持通报, 2018, 38 (4): 142-149, 161.

[91] 孙豪,桂河清,杨冬. 中国省域经济高质量发展的测度与评价 [J]. 浙江社会科学, 2020 (8): 4-14, 155.

[92] 孙洪磊. 哲学视域下的京津冀区域协调发展 [D]. 北京:中共中央党校, 2014.

[93] 孙奇奇,宋戈,齐美玲. 基于主成分分析的哈尔滨市土地生态安全评价 [J]. 水土保持研究, 2012, 19 (1): 234-238.

[94] 孙晓月. 黄河三角洲土地生态安全评价与可持续利用研究 [D]. 济南:山东师范大学, 2018.

[95] 谭文兵,李雪梅. 灰色关联投影模型在土地生态安全评价中的应用 [J]. 中国人口·资源与环境, 2017, 27 (S2): 111-114.

[96] 托马斯. 增长的质量 [M]. 北京:中国财政经济出版社, 2001.

[97] 汪磊,张觉文. 基于主成分聚类分析的山东省土地生态安全评价及其影响因素分析 [J]. 江苏农业科学, 2017, 45 (17): 246-250.

[98] 王得新. 新型分工视角下京津冀区域产业一体化研究 [M]. 北京:首都经济贸易大学出版社, 2016.

[99] 王锋,王瑞琦. 中国经济高质量发展研究进展 [J]. 当代经济管理, 2021, 43 (2): 1-10.

[100] 王建强,彭文英,李若凡. 京津冀人口土地生态压力及空间调控战略研究 [J]. 人口与经济, 2018 (5): 83-90.

[101] 王晶晶,迟妍妍,许开鹏,等. 京津冀地区生态分区管控研究 [J]. 环境保护, 2017, 45 (12): 48-51.

[102] 王磊，郭灿，李慧明．基于 PSR-TOPSIS 模型的宁夏回族自治区土地生态安全评价［J］．水土保持研究，2016，23（6）：154-159．

[103] 王丽．京津冀地区资源开发利用与环境保护研究［J］．经济研究参考，2015（2）：47-71．

[104] 王鹏，曾辉．基于 EKC 模型的经济增长与城市土地生态安全关系研究［J］．生态环境学报，2013，22（2）：351-356．

[105] 王鹏，况福民，邓育武，等．基于主成分分析的衡阳市土地生态安全评价［J］．经济地理，2015，35（1）：168-172．

[106] 王鹏，王亚娟，刘小鹏，等．基于 PSR 模型的青铜峡市土地生态安全评价与预测［J］．水土保持通报，2018，38（2）：148-153，159．

[107] 王莎．京津冀城市群产业升级与生态环境耦合协调及路径研究［D］．北京：中国矿业大学（北京），2020．

[108] 王书华，陈诗波．京津冀协同创新理论与实践［M］．北京：科学出版社，2016．

[109] 王永昌，尹江燕．论经济高质量发展的基本内涵及趋向［J］．浙江学刊，2019（1）：91-95．

[110] 韦绍音，陆汝成．贵港市新型城镇化与土地生态安全协调发展研究［J］．江西农业学报，2021，33（10）：145-150．

[111] 魏文江，谢戈扬．高质量发展理论综述及展望［J］．理论建设，2021，37（6）：71-77．

[112] 文余源，杨钰倩．高质量发展背景下京津冀协同发展评估与空间格局重塑［J］．经济与管理，2022，36（2）：8-18．

[113] 吴涛，任平．基于物元模型的四川省土地生态安全评价［J］．河南农业科学，2014，43（6）：53-58，70．

[114] 项寅，李琳歆，张佳玥，等．速度特征视角的长三角县域高质量发展动态测评［J］．华东经济管理，2022，36（1）：21-30．

[115] 肖笃宁，陈文波，郭福良．论生态安全的基本概念和研究内容［J］．应用生态学报，2002（3）：354-358．

[116] 肖红燕,任海利.毕节市土地生态安全与社会经济发展耦合协调关系与障碍因子分析[J].上海国土资源,2021,42(4):33-38.

[117] 肖金成,等.京津冀区域合作论:天津滨海新区与京津冀产业联系及合作研究[M].北京:经济科学出版社,2010.

[118] 谢赤,毛宁.金融生态建设与新型城镇化的时空耦合关系[J].统计与决策,2020,36(3):92-96.

[119] 谢俊奇,吴次芳.中国土地资源安全问题研究[M].北京:中国大地出版社,2004.

[120] 熊建华,唐将伟.广州市土地生态安全与社会经济发展耦合协调研究[J].安全与环境学报,2019,19(2):615-620.

[121] 熊建华.土地生态安全评价研究回顾、难点与思考[J].地理与地理信息科学,2018,34(6):71-76.

[122] 徐美.湖南省土地生态安全预警及调控研究[D].长沙:湖南师范大学,2013.

[123] 徐珊,杨光,张承舟,等.基于PSR模型的城市土地生态安全评价:以青岛市为例[J].环境工程,2019,37(9):199-204.

[124] 许永兵,罗鹏.京津冀城市群的经济发展质量评价[J].河北大学学报(哲学社会科学版),2020,45(4):85-98.

[125] 薛杰,徐颐,叶露锋.基于DPSIR模型的南昌市土地生态安全评价及调控对策探究[J].南方农业,2018,12(12):171-172,176.

[126] 薛选登,马路.粮食主产区土地生态与粮食安全耦合协调性分析[J].中国农业资源与区划,2022,3(15):1-13.

[127] 杨春红,张正栋,田楠楠,等.基于P-S-R模型的汕头市土地生态安全评价[J].水土保持研究,2012,19(3):209-214.

[128] 杨红.生态农业与生态旅游业耦合机制研究[D].重庆:重庆大学,2009.

[129] 杨建宇,张欣,李鹏山,等.基于物元分析的区域土地生态安全评价方法研究[J].农业机械学报,2017,48(S1):238-246.

[130] 杨康,李睿康,张红侠.关天经济区经济增长与城市土地生态安全评价研究[J].江西农业学报,2016,28(1):109-113.

[131] 姚飞,马力.河南省土地生态安全与绿色经济耦合协调分析[J].南方农村,2019,35(1):28-32.

[132] 姚彤,赵君.内蒙古鄂尔多斯市城镇化进程中土地生态安全动态评价研究[J].中国农业资源与区划,2020,41(6):138-143.

[133] 叶浩,濮励杰.苏州市土地利用变化对生态系统固碳能力影响研究[J].中国土地科学,2010,24(3):60-64.

[134] 易昌良.中国高质量发展指数报告[M].北京:研究出版社,2020.

[135] 于潇,吕春艳,郭旭东,等.京津冀城市群地区土地生态状况评估[J].中国土地科学,2018,32(4):89-96.

[136] 余健,房莉,仓定帮,等.熵权模糊物元模型在土地生态安全评价中的应用[J].农业工程学报,2012,28(5):260-266.

[137] 张博,韩琳琳,韩飞.基于DPSIR模型的土地生态安全评价:基于"一带一路"沿线18个省份面板数据[J].世界农业,2017(8):101-105.

[138] 张凤太,王腊春,苏维词.基于物元分析-DPSIR概念模型的重庆土地生态安全评价[J].中国环境科学,2016,36(10):3126-3134.

[139] 张合兵.市域尺度土地生态质量评价与空间分异研究[D].焦作:河南理工大学,2015.

[140] 张虹波,刘黎明,张军连,等.黄土丘陵区土地资源生态安全及其动态评价[J].资源科学,2007(4):193-200.

[141] 张洪,王安琦,宋贝扬.基于OWA的大理市土地生态安全评价研究[J].地理科学,2017,37(11):1778-1784.

[142] 张坤,李恒,周嘉驰,等.长株潭县域土地生态安全与经济发展耦合协调分析[J].国土资源科技管理,2021,38(1):1-17.

[143] 张楠楠,石水莲,李博,等.基于"压力-状态-响应"模型的土地生态安全评价及预测:以沈阳市为例[J].土壤通报,2022,53

(1)：28-35.

[144] 张帅. 新型城镇化与土地生态安全协调发展研究 [D]. 太原：山西财经大学，2019.

[145] 张涛，於忠祥，葛艳艳，等. 基于耦合协调模型的安徽省城镇化发展与土地生态安全关系评价研究 [J]. 云南农业大学学报（社会科学），2021，15（3）：96-103.

[146] 张卫萍，谢光磊. 生态环境质量评价体系的研究和现状分析 [J]. 科技信息，2011（1）：383-367.

[147] 张晓娟. 新疆城镇化与土地生态安全协调发展研究 [D]. 乌鲁木齐：新疆大学，2021.

[148] 张轩诚，王国梁. 陕西省土地生态安全与经济发展耦合协调分析 [J]. 嘉应学院学报，2018，36（5）：82-88.

[149] 张焱文，王枫. 2000-2018年广东省土地生态安全与经济发展耦合协调分析 [J]. 水土保持研究，2021，28（1）：242-249.

[150] 张震，覃成林. 新时期京津冀城市群经济高质量发展分析 [J]. 城市问题，2021（9）：38-48.

[151] 张中良，牛木川. 长江、黄河流域高质量发展的测算与比较研究 [J]. 生态经济，2022，38（2）：59-66，74.

[152] 张宇硕，吴殿廷. 京津冀地区生态系统服务权衡的多尺度特征与影响因素解析 [J]. 地域研究与开发，2019，38（3）：141-147.

[153] 赵西桐，元媛，杨慧敏，等. 基于耦合协调模型的河南省土地生态质量与经济协调发展研究 [J]. 河南大学学报（自然科学版），2020，50（2）：176-187.

[154] 郑新业，魏楚. 京津冀协同发展下的背景疏解与产业协同 [M]. 北京：科学出版社，2015.

[155] 周颖，何如海. 长三角地区经济发展与土地生态安全耦合关系研究 [J]. 山东农业大学学报（社会科学版），2021，23（3）：80-89，186.

[156] 朱克力. 趋势: 高质量发展的关键路径 [M]. 北京: 机械工业出版社, 2019.

[157] 朱启贵. 建立推动高质量发展的指标体系 [N]. 文汇报, 2018-02-06 (12).

[158] 朱乾隆, 栾敬东. 基于改进 TOPSIS 模型的土地生态安全评价: 以安徽省为例 [J]. 安徽农业大学学报 (社会科学版), 2018, 27 (3): 36-41.

[159] 祝合良, 叶堂林, 张贵祥, 等. 京津冀发展报告 (2017): 协同发展的新形势和新进展 [M]. 北京: 社会科学文献出版社, 2017.

[160] Barro R J. Quality and quantity of economic growth [M]. Santiago: Banco Central de Chile, 2002.

[161] Beckerman W. Economic growth and the environment: Whose growth? Whose environment? [J]. World Development, 1992, 20 (4): 481-496.

[162] Bertalanffy L V. General systemtheory: Foundations, development, application [M]. New York: George Braziller, 1969.

[163] Bertollo P. Assessing landscape health: A case study from Northeastern Italy [J]. Environmental Management, 2001, 27 (3): 349-365.

[164] Bhagwati J. The case for free trade [J]. Scientific American, 1993, 269 (5): 42-49.

[165] Bouma J. Land quality indicators of sustainable land management across scales [J]. Agriculture, Ecosystems & Environment, 2002, 88 (2): 129-136.

[166] Brown L R. Building a sustainable society [M]. New York: WW Norton & Company, 1981.

[167] Cen X T, Wu C F, Xing X S, et al. Coupling intensive land use and landscape ecological security for urban sustainability: An integrated socioeconomic data and spatial metrics analysis in Hangzhou City [J]. Sustainability, 2015, 7 (2): 1459-1482.

[168] Chen J L. Study on land use change and land ecological security in Zhoushan Archipelago [J]. IOP Conference Series: Earth and Environmental Science, 2021, 668 (1): 012019.

[169] Chen Y, Tian W T, Zhou Q, et al. Spatiotemporal and driving forces of ecological carrying capacity for high-quality development of 286 cities in China [J]. Journal of Cleaner Production, 2021, 293 (2): 126186.

[170] Cheng H R, Zhu L K, Meng J J. Fuzzy evaluation of the ecological security of land resources in mainland China based on the Pressure-State-Response framework [J]. Science of The Total Environment, 2022, 804 (15): 150053.

[171] Costanza R, De Groot R, Farber S, et al. The value of the world's ecosystem services and natural capital [J]. Ecological Economics, 1998, 25 (1): 3-15.

[172] Dobson A P, Bradshaw A D, Baker A J M. Hopes for the future: Restoration ecology and conservation biology [J]. Science, 1997, 277 (5325): 515-522.

[173] Dong H X, Wang H. Construction of evaluation system for high-quality development of characteristic towns from the perspective of production-living-ecology integration [J]. Asian Agricultural Research, 2020, 12 (12): 310142.

[174] Dong J H, Ju Y B, Dong P W, et al. Evaluate and select state-owned enterprises with sustainable high-quality development capacity by integrating FAHP-LDA and bidirectional projection methods [J]. Journal of Cleaner Production, 2021, 329 (20): 129771.

[175] Ezeonu I C, Ezeonu F C. The environment and global security [J]. The Environmentalist, 2000, 20 (1): 41-48.

[176] Feng Y J, Yang Q Q, Tong X H, et al. Evaluating land ecological security and examining its relationships with driving factors using GIS and general-

ized additive model [J]. Science of the Total Environment, 2018, 633 (15): 1469 – 1479.

[177] Friedel J K, Ehrmann O, Pfeffer M, et al. Soil microbial biomass and activity: The effect of site characteristics in humid temperate forest ecosystems [J]. Journal of Plant Nutrition and Soil Science, 2006, 169 (2): 175 – 184.

[178] Gao H, Zhang H. Study on coordination and quantification of ecological protection and high quality development in the Yellow River Basin [J]. IOP Conference Series: Earth and Environmental Science, 2021, 647 (1): 012168.

[179] Geneletti D, Beinat E, Chung C F, et al. Accounting for uncertainty factors in biodiversity impact assessment: Lessons from a case study [J]. Environmental Impact Assessment Review, 2003, 23 (4): 471 – 487.

[180] Guo D Y, Wang D Y, Zhong X Y, et al. Spatiotemporal changes of land ecological security and its obstacle indicators diagnosis in the Beijing-Tianjin-Hebei Region [J]. Land, 2021, 10 (7), 706.

[181] Hayes E H, Landis W G. Regional ecological risk assessment of a near shore marine environment: Cherry Point, WA [J]. Human and Ecological Risk Assessment, 2004, 10 (2): 299 – 325.

[182] He W, Wen Y L, Xiong Z Q. Spatial-temporal dynamics and scenario simulation of land ecological security: A case study of Deyang, Sichuan Province, China [J]. Environmental Science and Pollution Research, 2021, 28 (4): 1 – 13.

[183] He Z Q, Shang X, Zhang T H. Spatiotemporal evaluation and driving mechanism of land ecological security in Yan'an, a typical hill-gully region of China's Loess Plateau, from 2000 to 2018 [J]. Forests, 2021, 12 (12): 1754.

[184] Hua X Y, Lv H P, Jin X R. Research on high-quality development effi-

ciency and total factor productivity of regional economies in China [J]. Sustainability, 2021, 13 (15): 1-22.

[185] Hurni H. Assessing sustainable land management (SLM) [J]. Agriculture, Ecosystems & Environment, 2000, 81 (2): 83-92.

[186] IPCC. Climate change 2014: Impacts, adaptation, and vulnerability [M]. Cambridge: Cambridge University Press, 2014.

[187] Jahanger A. Influence of FDI characteristics on high-quality development of China's economy [J]. Environmental Science and Pollution Research, 2021, 28 (5): 18977-18988.

[188] Ji C, Wang Z Q, Zhang H. Integrated evaluation of coupling coordination for land use Change and Ecological Security: A case study in Wuhan City of Hubei Province, China [J]. International Journal of Environmental Research and Public Health, 2017, 14 (12): 1435.

[189] Kuznets S. Economic growth and income inequality [J]. The American Economic Review, 1955, 45 (1): 1.

[190] Li X. High-Quality Development and Institutionalization of the BRI [J]. East Asian Affairs, 2021, 1 (1): 2150004.

[191] Liu C X, Wu X L, Wang L. Analysis on land ecological security change and affect factors using RS and GWR in the Danjiangkou Reservoir area, China [J]. Applied Geography, 2019, 105 (4): 1-14.

[192] Liu J H, Cao X Y, Zhao L S, et al. Spatiotemporal differentiation of land ecological security and its influencing factors: A case study in Jinan, Shandong Province, China [J]. Frontiers in Environmental Science, 2022, 10 (2): 824254.

[193] Liu Z F, Xie H L, Hu J. Evaluation of land ecological security for Poyang Lake eco-economic zone based on emergy [J]. Advanced Materials Research, 2014, 864 (12): 787-792.

[194] Mlachila M, Tapsoba R, Tapsoba S J A. A quality of growth index for de-

veloping countries: A proposal [M]. Washington D. C: International Monetary Fund, 2014.

[195] Moarrab Y, Salehi E, Amiri M J, et al. Spatial-temporal assessment and modeling of ecological security based on land-use/cover changes (case study: Lavasanat watershed) [J]. International Journal of Environmental Science and Technology, 2021 (7): 1 – 16.

[196] Panayotou T. Empirical tests and policy analysis of environmental degradation at different stages of economic development [R]. International Labour Organization, 1993.

[197] Peng W F, Zhou J M. Development of land resources in transitional zones based on ecological security pattern: A case study in China [J]. Natural Resources Research, 2019, 28 (1): 43 – 60.

[198] Perrodin Y, Boillot C, Angerville R, et al. Ecological risk assessment of urban and industrial systems: A review [J]. Science of the Total Environment, 2011, 409 (24): 5162 – 5176.

[199] Pieri C, Dumanski J, Hamblin A S, et al. Land quality indicators [R]. Washington, DC: World Bank, 1995: 63 – 315.

[200] Prato T. Selection and evaluation of projects to conserve ecosystem services [J]. Ecological Modelling, 2007, 203 (3 – 4): 290 – 296.

[201] Rapport D J, Maffi L. Eco-cultural health, global health, and sustainability [J]. Ecological Research, 2011, 26 (6): 1039 – 1049.

[202] Reynaud A, Lanzanova D. A global meta-analysis of the value of ecosystem services provided by lakes [J]. Ecological Economics, 2017, 137 (7): 184 – 194.

[203] Shepherd K D, Shepherd G, Walsh M G. Land health surveillance and response: A framework for evidence-informed land management [J]. Agricultural Systems, 2015, 132 (1): 93 – 106.

[204] Su Y. Dynamic security assessment and the countermeasures analysis of land

ecology in Henan province from 2007 to 2017 [J]. Royal Society of Chemistry, 2019, 9 (56): 32414-32424.

[205] Wang H Y, Qin F, Zhang X C. A spatial exploring model for urban land ecological security based on a modified artificial bee colony algorithm [J]. Ecological Informatics, 2019, 50 (3): 51-61.

[206] Wen M X, Zhang T, Li L, et al. Assessment of land ecological security and analysis of influencing factors in Chaohu Lake Basin, China from 1998-2018 [J]. Sustainability, 2021, 13 (1): 1-28.

[207] Westing A H. The environmental component of comprehensive security [J]. Bulletin of Peace Proposals, 1989, 20 (2): 129-134.

[208] World Commission on Environment and Development (WCED). Our common future [M]. New York: Oxford University Press, 1987.

[209] Wu L, Xie B G. The variation differences of cultivated land ecological security between flatland and mountainous areas based on LUCC [J]. PlOS one, 2019, 14 (8): e0220747.

[210] Wu L, Zhou J, Li Z H. Applying of GA-BP neural network in the land ecological security evaluation [J]. IAENG International Journal of Computer Science, 2020, 47 (1): 11-18.

[211] Xie H L, He Y F, Choi Y, et al. Warning of negative effects of land-use changes on ecological security based on GIS [J]. Science of The Total Environment, 2019, 704 (20): 135427.

[212] Xu C Y, Pu L J, Zhu M, et al. Ecological security and ecosystem services in response to land use change in the Coastal Area of Jiangsu, China [J]. Sustainability, 2016, 8 (8): 816.

[213] Xu L Y, Yin H, Li Z X, et al. Land ecological security evaluation of Guangzhou, China [J]. International Journal of Environmental Research and Public Health, 2014, 11 (10): 10537-10558.

[214] Ye J, Hou Z, Ming H, et al. Ecological security pattern-based simulation

for land use structure change: A case study in Ezhou City, China [J]. Frontiers of Earth Science, 2021 (15): 526-542.

[215] Yin F, Zhou T, Ke X L. Impact of cropland reclamation on ecological security in the Yangtze River Economic Belt, China [J]. Sustainability, 2021, 13 (22): 12375.

[216] Yoon S W, Lee D K. The development of the evaluation model of climate changes and air pollution for sustainability of cities in Korea [J]. Landscape and Urban Planning, 2003, 63 (3): 145-160.

[217] Yu G M, Zhang S, Yu Q W, et al. Assessing ecological security at the watershed scale based on RS/GIS: A case study from the Hanjiang River Basin [J]. Stochastic Environmental Research and Risk Assessment, 2014, 28 (2): 307-318.

[218] Zhang D, Wang X R, Qu L P, et al. Land use/cover predictions incorporating ecological security for the Yangtze River Delta region, China [J]. Ecological Indicators, 2020, 119 (12): 106841.

[219] Zhu C, Li Y, Zhang L X, et al. Evaluation and diagnosis of obstacles to land-based ecological security in resource-based cities: A case study of Xingtai city [J]. PlOS ONE, 2020, 15 (11): e0241618.

[220] Zhu Y, Zhong S H, Wang Y, et al. Land Use Evolution and Land Ecological Security Evaluation Based on AHP-FCE Model: Evidence from China [J]. International Journal of Environmental Research and Public Health, 2021, 18 (22): 12076.